QUAL O LUGAR DA PSICOFARMACOLOGIA NA PSICANÁLISE?

Blucher

QUAL O LUGAR DA PSICOFARMACOLOGIA NA PSICANÁLISE?

Débora Naomi de Souza

Qual o lugar da psicofarmacologia na psicanálise?

Publisher Edgard Blücher
Editor Eduardo Blücher
Coordenador editorial Rafael Fulanetti
Coordenação de produção Andressa Lira
Produção editorial Kedma Marques
Preparação de texto Samira Panini
Diagramação Thaís Pereira
Revisão de texto Regiane da Silva Miyashiro
Capa Laércio Flenic
Imagem da capa iStockphoto

Blucher

Rua Pedroso Alvarenga, 1245, 4º andar
04531-934 – São Paulo – SP – Brasil
Tel.: 55 11 3078-5366
contato@blucher.com.br
www.blucher.com.br

Segundo o Novo Acordo Ortográfico, conforme 6. ed. do *Vocabulário Ortográfico da Língua Portuguesa*, Academia Brasileira de Letras, julho de 2021.

Dados Internacionais de Catalogação na Publicação (CIP)
Angélica Ilacqua CRB-8/7057

Souza, Débora Naomi de
Qual o lugar da psicofarmacologia na psicanálise / Débora Naomi de Souza.-- São Paulo: Blucher, 2024.

200 p.
ISBN 978-85-212-2453-2

1. Psicanálise 2. Psicofarmacologia - Manuais, guias, etc. I. Título

24-1321 CDD 150.195

Índice para catálogo sistemático:
1. Psicanálise

Aos meus pais,
pelo amor e apoio incondicional.
Ao Felipe, meu bolinho.

Agradecimentos

Agradeço ao meu orientador, Prof. Dr. Renato Mezan, por acolher minhas ideias de maneira sempre gentil e entusiasmada, encorajando meu percurso ao longo deste trabalho. Meus anos anteriores acompanhando suas aulas foram essenciais para que, aos poucos, eu pudesse cada vez mais me aproximar das teorias psicanalíticas e me dedicar finalmente à escrita de uma tese (que agora torna-se um livro). Foi um grande privilégio e um aprendizado muito importante poder contar com suas orientações e ensinamentos, que enriqueceram não somente meu trabalho neste estudo, como também e principalmente meu cotidiano na clínica psicanalítica. Meus mais profundos agradecimentos pela paciência e disponibilidade constantes.

Ao Prof. Dr. Mário Eduardo Costa Pereira, pela generosidade e honra de participar da minha banca de defesa de mestrado. Suas sugestões foram imprescindíveis para organizar meu trabalho, assim como seus vários escritos utilizados na realização da minha pesquisa.

À Profa. Dra. Paula Regina Peron, pela disponibilidade de participar da minha banca de defesa de mestrado e pelo interesse pela minha pesquisa, inclusive muito cuidadosamente sugerindo indicações de leitura que certamente enriqueceram minhas reflexões.

À minha irmã Carolina, por revisar tão atenciosamente meus textos e organizá-los de maneira prestativa e cuidadosa.

Ao meu marido Flávio, pela parceria constante e paciência com minhas ausências, e por sempre apoiar meus projetos. Agradeço também sua dedicação ao nosso "bolinho" e seu carinho pela minha família.

Agradeço especialmente ao meu grande e querido amigo Plínio, que me acompanha desde nossa formação de psicanálise há mais de uma década, sempre presente em diversos momentos da minha vida, e que inclusive me encorajou e abriu as portas para esta grande realização. Também sua correção dos meus textos neste trabalho que enriqueceu de maneira especial minha escrita.

À Luciana Balbo Portela, primeiramente por ser minha professora durante meu curso de formação de psicanálise, e, principalmente, por todos esses anos nos quais foi gentilmente minha supervisora. Sem dúvida alguma, suas supervisões cuidadosas foram essenciais para a confecção deste trabalho – agradeço imensamente por me ensinar a importância do material escrito!

Ao Ricardo Luis Saliby, nesses quase dezessete anos de análise, nossas sessões foram indiscutivelmente imprescindíveis na minha trajetória como psicanalista, além de tantas outras coisas que me tornei hoje.

A todos os colegas e professores com quem tive o prazer de estudar na pós-graduação da Pontifícia Universidade Católica de São Paulo (PUC-SP), pelo apoio mútuo e ensinamentos ao longo desses anos. Um agradecimento especial para Marcelo, Arianne, Juliana, David, Celina, Miriam, Gisela, Cláudia e tantos outros que foram de suma importância nesse caminho de elaboração do mestrado.

À Profa. Dra. Ida Kublikowiski, pelas preciosas sugestões e orientações.

Aos colegas e professores do meu curso de formação de psicanálise na Universidade Federal de São Paulo (Unifesp). Cada um deles, à sua maneira, ajudou imensamente na minha formação como analista.

A todos os meus colegas e professores da Irmandade da Santa Casa de Misericórdia de São Paulo, que por mais de vinte anos representam minha segunda família, com muitas histórias e experiências vividas dentro e fora daquelas belíssimas paredes!

À memória dos meus amados avós, que me ensinaram o valor de ter uma família unida e amorosa. Aos meus primos, meus tios, meus sobrinhos e todos os outros que depois vieram se juntar a esse núcleo, formando assim uma grande e sempre presente família.

Por fim, a todos os meus pacientes, durante o meu percurso em medicina, passando pela clínica médica, pela psiquiatria e, por último, pela psicanálise, foi sem dúvida *a partir* deles e *para* eles que grande parte das minhas reflexões e estudos foram possíveis.

– Aaah... – fez Carlos Magno, e do lábio inferior, alongado para frente, escapou-lhe também um pequeno silvo, como quem diz: "Se tivesse de lembrar o nome de todos estaria frito!". Mas logo franziu as sobrancelhas.

– E por que não levanta a celada e mostra o rosto?

O cavaleiro não fez nenhum gesto; sua direita enluvada com uma manopla férrea e bem encaixada cerrou-se mais ainda ao arção da sela, enquanto o outro braço, que regia o escudo, pareceu ser sacudido por um arrepio.

– Falo com o senhor, ei, paladino! – insistiu Carlos Magno. – Como é que não mostra o rosto para seu rei?

A voz saiu límpida da barbela.

– Porque não existo, sire.

– Faltava esta! – exclamou o imperador. – Agora temos na tropa até um cavaleiro que não existe! Deixe-nos ver melhor.

Agilulfo pareceu hesitar um momento, depois com mão firme e lenta ergueu a viseira. Vazio o elmo. Na armadura branca com penacho iridescente não havia ninguém.

Italo Calvino[1]

---

1 Italo Calvino. *O cavaleiro inexistente*. Tradução Nilson Moulin. Companhia das Letras, 2005.

Conteúdo

Prólogo

Este livro é o resultado da minha dissertação de mestrado em Psicologia Clínica, realizada na Pontifícia Universidade Católica de São Paulo (PUC-SP), sob orientação do Prof. Dr. Renato Mezan.

Trata-se, como o título sugere, de uma tentativa de articular a psicofarmacologia com a psicanálise, ressaltando o impacto do uso de algum psicofármaco ao longo do acompanhamento psicanalítico.

Ao trabalhar atualmente em duas áreas distintas, na psiquiatria e na psicanálise – inicialmente cursei minha graduação em Medicina, passando pela Clínica Médica, pela Psiquiatria e por fim, pela Psicanálise –, as relações entre o físico e o psíquico acabaram sendo o foco do meu interesse. Surgiam com frequência as seguintes questões: qual seria a relação entre o cérebro e o pensamento? Como seria possível uma alteração biológica provocar alterações em sentimentos e emoções? Como, por outro lado, uma fala ou uma sugestão poderia impactar no organismo humano?

Partindo desse ponto, consideramos que as neurociências e a psicanálise acabaram adotando diferentes formas de abordagem, porém convergentes, do ser humano, cada uma com seus métodos próprios. As relações entre as duas ciências são, na verdade, particularmente íntimas, considerando que toda modificação biológica tem repercussões psíquicas diretas ou indiretas, sendo o impacto do uso de algum psicofármaco um bom exemplo dessa mútua influência.

A questão aqui levantada não é apenas de demonstrar que diferentes níveis estão implicados nos fenômenos observados na clínica, mas também interrogar a maneira pela qual esses fatores se intercruzam e se influenciam reciprocamente. Entendemos, entretanto, que se duas teorias distintas que estudam um mesmo fenômeno forem excludentes, talvez elas não possam coexistir – daí a necessidade de, antes, demonstrarmos que as teorias neurobiológicas que sustentam a utilização dos psicofármacos no tratamento dos transtornos mentais atualmente e as teorias psicanalíticas não necessariamente se contradizem.

Além disso, entendemos que a observação do aumento progressivo de pacientes em acompanhamento psicanalítico que utilizam alguma medicação psicotrópica – considerando os avanços das pesquisas em neurociências e a síntese sucessiva de novos psicofármacos – coloca o tema da psicofarmacologia como um assunto incontornável para o psicanalista nos dias de hoje. Nesse sentido, procuramos demonstrar que a relação entre a psicofarmacologia e a psicanálise pode ser de colaboração mútua, na medida em que a utilização de medicações psicotrópicas no contexto psicanalítico demonstrou reduzir os sintomas que poderiam dificultar ou até mesmo impossibilitar o trabalho da análise.

Nesse caminho entre o físico e o psíquico, escolhemos percorrer alguns campos bastante distintos e específicos – é claro que outros autores poderiam escolher percorrer outros – dentre eles principalmente a psiquiatria, a psicofarmacologia, as neurociências e a psicanálise. Ao nos depararmos com a vasta extensão que todos eles podem abranger, e enfrentando a tentação de fazer uma pesquisa que fale de muitas coisas, o que tornaria o desafio impossível, optamos por partir do contexto psicanalítico. Dessa maneira, na relação entre a psicofarmacologia e a psicanálise, o ponto de vista escolhido será *do* lugar da psicofarmacologia *na* psicanálise.

O presente trabalho é, portanto, um esforço para integrar à pesquisa psicanalítica alguns dos avanços da psiquiatria contemporânea. Esperamos ter realizado esse caminho de maneira clara e acessível, no intuito de ajudar ou levantar o interesse de quem também se aventurar em percorrê-lo.

Introdução

Desde o início dos tempos, sabe-se que substâncias químicas podem modificar os estados psíquicos. Tais substâncias são chamadas de psicotrópicas, pois modificam o psiquismo agindo sobre o cérebro.

Conforme as circunstâncias e os lugares, essas substâncias foram utilizadas em diversos contextos: para evocar os deuses em rituais religiosos, para esquecer a fome e a fadiga, para a simples obtenção de prazer e para aliviar o sofrimento físico ou moral. Contudo, foi oficialmente a partir da década de 1950 que teve início a história da moderna psicofarmacologia, quando foram introduzidos os primeiros fármacos com o objetivo de tratar as doenças psiquiátricas. Desde então, as pesquisas em neurociências e os esforços para sintetizar novos fármacos avançaram consideravelmente, sendo que, atualmente, a psicofarmacologia se consolidou como o principal arsenal terapêutico utilizado na prática psiquiátrica contemporânea.

Freud, em seu *Compêndio de Psicanálise*, escrito em 1938 e publicado postumamente em 1940 – seu testamento, segundo André Green –, já indicava novos caminhos para um importante impasse na clínica psicanalítica: *a reflexão quanto à possibilidade do uso de substâncias químicas para aliviar o sofrimento psíquico.*

No capítulo VI, em seu resumo sobre a técnica da psicanálise, Freud alega que o desfecho final do tratamento psicanalítico depende de relações quantitativas da cota de energia que nós, psicanalistas, podemos mobilizar no paciente em nosso favor, comparada à "soma de energia das forças que trabalham contra nós".[1] Nesse sentido, ele admite que nem sempre conseguiremos ganhar, mas poderemos ao menos identificar os motivos pelos quais não conseguimos vencer. Por fim, ele conclui:

> *Quem acompanhou nossas explicações apenas por interesse terapêutico talvez se afaste com desdém após tal confissão. Porém, aqui nos ocupamos da terapia apenas na medida em que ela trabalha com recursos psicológicos; não temos outros por enquanto.* O futuro talvez nos ensine a influenciar diretamente com substâncias químicas especiais as quantidades de energia e suas distribuições no aparelho psíquico. *Talvez ainda existam outras possibilidades insuspeitadas de terapia; por ora não temos nada melhor à nossa disposição que a técnica psicanalítica, e por isso, apesar de suas limitações, não se deveria desprezá-la. (p. 35, grifo nosso)*

Nesse futuro enunciado por Freud, diante dos desdobramentos das pesquisas em neurociências e da síntese sucessiva de novos psicofármacos, observamos atualmente o fato inegável de que cada vez mais aparecem em nossos divãs pacientes que utilizam alguma medicação psicotrópica. Também é cada vez mais comum que, durante a análise de algum paciente, pensemos na possibilidade da administração de alguma medicação que alivie sua angústia pois, quando intensa, pode paralisar qualquer possibilidade de pensamento. Para isso,

1 Freud, S. (1940 [1938] 2014). *Compêndio da psicanálise*, p. 35.

entendemos ser necessário um melhor diálogo entre a psiquiatria e seu arsenal terapêutico – a psicofarmacologia – e a psicanálise.

Desse modo, o objetivo do presente livro é demonstrar que a psicanálise e a psicofarmacologia podem ser compatíveis, realizando um percurso pela psicopatologia freudiana por intermédio de fragmentos clínicos de análises de pacientes que receberam concomitantemente medicações psicotrópicas. O ponto de vista escolhido nesta relação – a psicofarmacologia e a psicanálise – será *do* lugar da psicofarmacologia *na* psicanálise.

Algumas estruturas psicanalíticas foram escolhidas – dois casos de psicose e dois casos de neurose – para ampliar o entendimento do impacto favorável do uso de medicações psicofarmacológicas no contexto psicanalítico; trata-se, portanto, de um aprofundamento teórico de situações que emergem da prática clínica, realizado com base em anotações da analista. Para esse fim, o foco de observação nos fragmentos clínicos de análises de pacientes apresentados será na atuação dos psicofármacos nos sintomas retratados. A base teórica psicanalítica é Freud; também com a inclusão de textos extraídos das pesquisas nas áreas de psiquiatria e psicofarmacologia.

No presente livro estão contidas basicamente duas suposições:

- As teorias neurobiológicas que sustentam a utilização dos psicofármacos no tratamento dos transtornos mentais atualmente e as teorias psicanalíticas não são necessariamente excludentes, se considerarmos que ambas possuem finalidades, métodos diagnósticos e de investigação diferentes.
- A relação entre a psicofarmacologia e a psicanálise pode ser de colaboração mútua, na medida em que a utilização de medicações psicotrópicas no contexto psicanalítico demonstrou reduzir os sintomas que poderiam dificultar ou até mesmo impossibilitar o trabalho da análise.

Entendemos que, no intuito de alcançarmos nosso objetivo, algumas considerações e reflexões prévias são necessárias. Assim, no primeiro capítulo do presente livro, apresentaremos a história da psicofarmacologia moderna – notadamente a história que levou à descoberta dos efeitos antipsicóticos da clorpromazina em 1952 – e a psiquiatria contemporânea. Considerando que o desenvolvimento das teorias neurobiológicas dos transtornos mentais tem íntima relação com o uso das substâncias psicotrópicas, no segundo capítulo abordaremos a relação entre a psicanálise e as neurociências.

Segundo Daniel Widlöcher, no artigo intitulado "O cérebro e a vida mental", com a descoberta dos antipsicóticos, dos antidepressivos e dos ansiolíticos a partir de 1952, a questão da relação entre o cérebro e o pensamento – que até então tinha permanecido no campo da filosofia – entrou finalmente no domínio das ciências neurobiológicas, trazendo as seguintes questões: "como a ação química de uma molécula sobre as estruturas neuronais pode modificar de maneira precisa e seletiva a atividade mental de um indivíduo? Como uma ação química pode modificar o pensamento?".[2]

Notadamente a descoberta acidental dos efeitos antipsicóticos da clorpromazina por Laborit, Delay e Deniker, além de possibilitar a utilização de outras medicações psicotrópicas no tratamento dos distúrbios mentais, como a imipramina e o clordiazepóxido, propiciou também o desenvolvimento do conceito neurobiológico da esquizofrenia e de outras psicoses. As diversas pesquisas neurocientíficas sobre os efeitos antipsicóticos da clorpromazina permitiram a identificação de seu mecanismo de ação: a ligação a um receptor

2 Publicado originalmente em *La recherche 280* em outubro de 1995. O texto em português foi publicado no *Boletim de Novidades da Livraria Pulsional* Redação: Manoel Tosta Berlinck. Escuta, ano X, n. 99, jul. 1997, p. 41. Diversos artigos dessa edição da revista, escritos por diversos autores que abordam as relações entre a psicanálise e a psiquiatria, serão utilizados como referência bibliográfica ao longo desta obra.

pós-sináptico de dopamina, bloqueando a ação da dopamina liberada na fenda sináptica. A partir dessa constatação, foi possível estabelecer finalmente a etiologia da esquizofrenia, a "hipótese da dopamina": o transtorno resulta do excesso de atividade dopaminérgica.

Nesse cenário, Widlöcher ressalta que os defensores das teorias biológicas para as causas das doenças mentais puderam confirmar sua tese de que os transtornos mentais seriam secundários a alterações na atividade dos neurotransmissores, à medida que a administração de substâncias químicas que inibem ou estimulam tais neurotransmissores nas fendas sinápticas poderia compensar esse distúrbio.

A psiquiatria, por sua vez, que até então não possuía um arcabouço teórico estabelecido na anatomia e na fisiologia como as outras especialidades médicas, acabou se voltando para as neurociências.

Mário Eduardo Costa Pereira ressalta que nos anos posteriores à Segunda Guerra Mundial, a psiquiatria enfrentava grande desprestígio social, sendo atacada por diversos setores. Por um lado, a antipsiquiatria a denunciava como uma "polícia médica"[3] de comportamentos e emoções socialmente indesejados e não aceitáveis, acusando-a de funcionar como um dispositivo de poder responsável pela manutenção da ordem e pela normalização social.

Por outro lado, continua o autor, dentro da própria medicina, a psiquiatria era condenada por não conseguir estabelecer uma nosologia e prática clínica assentada nas ciências naturais e uniformemente compartilhada entre os especialistas, ao contrário do que acontecia com as demais especialidades médicas. Até o final dos anos 1950, seus métodos terapêuticos eram extremamente restritos e pouco eficazes, permitindo a influência de outras áreas no campo da saúde mental – campo até então dominado pelo conhecimento psiquiátrico – abrindo espaço significativo para profissionais não médicos, o que a

3 No capítulo Freud, o sujeito da psicopatologia e o futuro da psiquiatria, publicado na coletânea *Por que Freud hoje?*, p. 169.

afastava cada vez mais da possibilidade de se estabelecer como uma "disciplina médica de pleno direito".[4]

Além disso, encontrava-se o mais completo cenário de desordem e incompatibilidade entre os próprios psiquiatras com relação a uma delimitação diagnóstica de classificação dos transtornos mentais, mesmo as classicamente mais conhecidas – como a esquizofrenia e os transtornos afetivos –, cada qual baseando-se em sistemas classificatórios arbitrários para a definição de uma doença.

Entretanto, a partir dos anos 1980, com o desenvolvimento da psicofarmacologia, das neurociências aplicadas e dos estudos epidemiológicos em transtornos mentais, a psiquiatria passou a se aproximar das outras especialidades médicas ao recorrer às ciências naturais de maneira mais efetiva.

Os sistemas de classificação diagnóstica em psiquiatria, assim, visavam cada vez mais delimitar quadros clínicos semelhantes, baseados em pressupostos neurofisiológicos, *com o objetivo de direcionar a prescrição de um psicofármaco.* Os quadros clínicos seriam um conjunto de sintomas e sinais que teriam uma certa evolução no tempo e resposta terapêutica a uma determinada substância, obtidos também a partir da ocorrência estatística dos fenômenos observados, por exemplo, por meio de escalas padronizadas capazes de quantificar cada evento. Esse modo de funcionar, principalmente a partir do DSM-III, visava então "clarificar" alvos específicos para a ação psicofarmacológica, mais do que a sua matriz neurobiológica em si, o que acabou resultando em uma proliferação das categorias diagnósticas. Como exemplo, vemos a escalada do número de categorias diagnósticas do *Diagnostic and Statistic Manual of Mental Disorders* (DSM): a primeira edição do DSM, publicada em 1918, descrevia 106 transtornos mentais; no DSM-II, já foram descritos 186; o DSM-III, por sua vez, contava com não menos de 265 transtornos; o DSM-IV com

4 *Ibid.*, p. 169.

297 e, finalmente, o DSM-V, publicado em 2013, alcançou a marca de mais de 300 transtornos apresentados.

Ariel Bogochvol reforça a ideia de que essa proliferação nosográfica pode ser atribuída principalmente ao resultado de um empobrecimento da análise clínica, que passou a se organizar em um elemento fisiopatológico inicial hipotético, assim como nas manifestações sintomáticas e estatísticas em si, "sem ocupar-se da lógica que as organiza ou da estrutura que as articula".[5] Nos quadros de transtornos do humor, como exemplo, estão agrupados o transtorno depressivo maior e o transtorno bipolar, além da hipomania, da ciclotimia e da distimia. Cada categoria diagnóstica é descrita de acordo com o tempo de evolução dos sintomas – a duração do humor deprimido ou de euforia. Outras manifestações clínicas são levadas em consideração, como capacidade cognitiva, fala e funções vegetativas (como sono e apetite). O fato de que muitos pacientes que receberam o diagnóstico de transtorno depressivo maior pudessem ter apresentado anteriormente episódios não detectados de comportamento maníaco ou hipomaníaco fez com que os pesquisadores reconsiderassem a possibilidade de que o transtorno bipolar fosse uma expressão mais grave de depressão – nos últimos vinte anos, o campo da psiquiatria considerava até então os dois transtornos separados. A depressão maior e o transtorno bipolar também compartilhariam os mesmos fatores biológicos implicados em sua etiologia – uma desregulação dos neurotransmissores monoaminérgicos, como a noradrenalina, a dopamina, a serotonina e a histamina. Conclui o autor:

> *Assim, os elementos que direcionavam anteriormente os diagnósticos dos transtornos afetivos, como a divisão estrutural, sua natureza neurótica ou psicótica, foram colocados em terceiro plano, substituídos pela evolução no*

---

5 Bogochvol, A. (1997). Algumas reflexões sobre a psiquiatria biológica, p. 16.

> *tempo dos sintomas e por sua suposta anormalidade neurobiológica como fator etiológico.*[6]

Essa abordagem dos transtornos mentais assentada em teorias neurobiológicas encontra, por sua vez, inúmeras dificuldades. Pereira assinala que uma delas se refere à incompletude dos conhecimentos biológicos para explicar todos os fenômenos observados na prática clínica psiquiátrica; essa dificuldade, entretanto, poderia ser contornada baseando-se na expectativa de que um dia os dados e modelos biológicos que ainda faltavam pudessem ser completamente elucidados.

Entretanto, uma outra dificuldade, de natureza epistemológica, interroga as próprias condições de se fazer uma descrição psicopatológica das doenças mentais por meio de um pressuposto estritamente biológico, reduzindo-as a uma doença predominantemente biomédica. No campo da psiquiatria, isso implicaria um conceito de transtorno mental de viés exclusivamente biológico, sem levar em consideração os aspectos subjetivos do indivíduo, nem sua contextualização linguística e histórico-cultural nas manifestações clínicas, o que por si só poderia colocar justamente o plano psicopatológico do adoecimento psíquico em dúvida, como observa Pereira:

> *O avanço da psiquiatria contemporânea pelas vias da biomedicina conduziu à impressão de que a psicopatologia, enquanto ciência do adoecimento humano em suas diferentes dimensões, teria se tornado obsoleta. Uma nosologia psiquiátrica construída em bases exclusivamente biológicas e experimentais tomaria seu lugar, fundando definitivamente a psiquiatria como especialidade médica de direito.*[7]

---

6 *Ibid.*

7 Pereira, M. E. C. (2014). A crise da psiquiatria centrada no diagnóstico e o futuro da clínica psiquiátrica: psicopatologia, antropologia médica e o sujeito da psicanálise, p. 1041.

A partir desse caminho percorrido pela psiquiatria contemporânea – se aproximando quase que exclusivamente das teorias biológicas e se distanciando de outras áreas que se ocupam de estudar e abordar as causas do sofrimento humano –, entendemos existir a necessidade prévia de uma discussão sobre as relações entre as neurociências e a psicanálise para atingirmos o objetivo deste estudo: estabelecer uma relação entre a psicofarmacologia e a psicanálise.

André Green[8] aborda principalmente dois pontos relevantes na relação entre a neurobiologia e a psicanálise: a suposta ausência do biológico na teoria psicanalítica e as diferenças entre conceito biológico e conceito psicanalítico da *consciência*.

Segundo Green, o pensamento biológico nunca abandonou Freud e, na realidade, seria um equívoco considerar sua abordagem em uma perspectiva biológica apenas durante sua trajetória neurológica. Em seu *Compêndio de Psicanálise*, como vimos, seu testamento, Freud afirma claramente que não afastava a influência do biológico sobre o psíquico: "Daquilo que chamamos de nossa psique (vida psíquica), conhecemos duas coisas: em primeiro lugar, o órgão físico e cenário dela, o cérebro (sistema nervoso); por outro lado, nossos atos de consciência, que são dados imediatamente e não nos podem ser esclarecidos por nenhuma descrição".[9]

Green também afirma, como exemplo, que não se pode negar que os pressupostos básicos de Freud sobre a sexualidade se sustentavam

8 Para quem se interessar em estudar mais profundamente o tema, uma outra coletânea indispensável foi publicada em 1995, intitulada *Corpo-mente: uma fronteira móvel*. Luiz Carlos Uchôa Junqueira Filho (org.). São Paulo, Casa do Psicólogo. Trata-se de uma compilação dos trabalhos apresentados no II Encontro Bienal da Sociedade Brasileira de Psicanálise de São Paulo, realizada em São Paulo, em agosto de 1994. A Conferência proferida por André Green, intitulada Neurobiologia e psicanálise (1995), inaugura a coletânea e será amplamente utilizada no segundo capítulo deste livro.

9 Freud, S. (1940 [1938]/1996). Esboço de psicanálise, *p.* 157.

no terreno biológico, mas também seria ingênuo pressupor que se tratava de uma mera aplicação de conceitos tomados de sua formação em biologia: "Ao contrário, Freud, na verdade, inventou a psicossexualidade".[10] O fato de que, na espécie humana, a sexualidade – uma função natural, ligada à perpetuação da vida – esteja submetida a influências culturais ou variações em seus objetivos e possa se tornar tão "antinatural" é de grande importância, mas não muda o fundamento biológico básico.

Freud, na verdade, nunca hesitou em considerar a influência do biológico sobre o psíquico, mas, em contrapartida, nunca se submeteu a essa ciência. Ao perceber que as teorias neurobiológicas de sua época não poderiam esclarecer os fenômenos observados em sua prática clínica, Freud se viu obrigado a formular uma nova teoria que pudesse contemplar todos esses fenômenos.

Dessa maneira, sua teoria sobre o inconsciente trouxe para o campo das relações entre neurociências e psicanálise um desacordo entre o conceito biológico e o conceito psicanalítico da consciência. Para os neurobiologistas, o inconsciente existe, mas é no sentido daquilo que não é consciente para a biologia. Essa dificuldade de conciliar as duas concepções é decorrente da dificuldade de ajustar o procedimento objetivista das neurociências com aquilo que poderia ser definido como uma "ciência da subjetividade", ao que se refere a psicanálise. Nesse sentido, Green coloca a seguinte questão: "O que existe entre o cérebro e a consciência cuja descrição possa satisfazer ao mesmo tempo aos critérios do psiquismo e, por outro lado, esclarecer as relações com o sistema nervoso?".[11]

Considerando esse impasse entre as neurociências e a psicanálise – a questão da *consciência* – e tendo como objetivo estabelecer uma relação entre a psicofarmacologia e a psicanálise –, entendemos

10 Green, A. (1995). *Sexualidade tem algo a ver com psicanálise?*, p. 221.
11 Green, *op. cit.*, p. 17.

que um campo no qual as duas áreas inevitavelmente se entrecruzam seria a *clínica*.

Roland Khun, ao estabelecer uma relação entre a psicofarmacologia e a análise existencial – uma área que se dedica ao estudo do sofrimento humano, levando em consideração seus aspectos subjetivos, como a psicanálise –, ressalta que o elo de ligação entre elas é exatamente *o ser psiquicamente doente*,[12] sendo o objeto de observação das duas disciplinas: "Ambas desejam conhecê-lo no modo como se desenvolve e se estrutura sua doença a fim de assisti-lo".[13]

Nesse sentido, Renato Mezan alega que, sendo o inconsciente o objeto da psicanálise, as condições favoráveis de observação das manifestações inconscientes podem ser, em suma, materializadas na situação clínica que, por sua vez, envolve duas pessoas únicas:

> *O procedimento de investigação consiste na fala de um – o paciente – e na escuta do outro – o analista – que, periodicamente, toma a palavra e interpreta, comenta ou questiona o que disse o primeiro. Este falará do que quiser, do que lhe vier à cabeça, suspendendo a censura moral e lógica que habitualmente exerce sobre seus enunciados.*[14]

Entretanto, se a experiência de cada sessão é única, a reiteração delas poderá produzir elementos constantes, considerando que são sempre as mesmas pessoas envolvidas no processo. Essa reiteração, prossegue Mezan, fará surgir os padrões característicos desse

---

12 Khun, R. (2005). Psicofarmacologia e análise existencial, p. 222. Psiquiatra suíço, Roland Khun descobriu os efeitos antidepressivos da imipramina em 1957. Esse assunto será mais bem abordado no terceiro capítulo, assim como o artigo de Khun citado.

13 *Ibid.*

14 Mezan, R. (1995). Psicanálise e neurociências: uma questão mal colocada, p. 270.

indivíduo, seu funcionamento psíquico: a forma pela qual ele estabelece relações, as angústias predominantes, os modos habituais de defesa. A singularidade é mantida, porém, agora não mais apenas no plano de cada sessão e sim no plano desse indivíduo que – sem ser necessariamente sempre "homogêneo" em si – é, no entanto, "um conjunto articulado de fantasias, desejos e reações",[15] surgindo, assim, a configuração desse inconsciente na sua lógica e no seu tipo de funcionamento.

Mezan ressalta que "é desse ponto que parte a teorização em psicanálise" pois, deixando de lado os conteúdos específicos dessa história única e singular, poderemos evidenciar os traços do *universal imanente*, isto é, daquilo que esse indivíduo compartilha com outros – alguns ou todos – seres humanos. Essa seria uma contradição da psicanálise, pois, como teoria, ela pode visar o não individual – o universal presente em todos os indivíduos – mas como prática, não se pode deduzir apenas da teoria o que se observa em cada paciente sem se levar em consideração em qual contexto uma dada manifestação se revela:

> *Este é o paradoxo da psicanálise: como teoria, ela só pode visar o não-individual (por exemplo, as leis do processo primário, às quais obedecem a todos os sonhos "sonháveis", todos os lapsos capazes de serem cometidos, todos os sintomas possíveis). Mas, como prática, não pode deduzir, a priori, das correlações estabelecidas pela teoria,* qual é o caso agora. *Será "x" uma manifestação delirante? Será "y" um sintoma obsessivo? Será "z" o início de uma transferência psicótica? A teoria define classes infinitas de possíveis (Castoriadis), estabelece esquemas de correlacionamento dos dados, mas não pode predeterminar a interpretação adequada de coisa alguma. E isso*

15 *Ibid.*

> *porque o sentido dessa manifestação depende do* contexto *no qual ela se inscreve, e este contexto não está dado; precisa ser inferido a cada vez, com base naquilo que deve ser nele incluído.*[16]

Dessa maneira, julgamos indispensável incluir neste trabalho elementos da clínica psicanalítica, cujo registro, estudo e divulgação entre pares constitui um dos mais importantes métodos de ampliação dos conhecimentos na psicanálise.

Nas *Conferências introdutórias de 1916-17*, Freud tenta estabelecer a relação entre a psiquiatria e a psicanálise a partir de um caso clínico de uma senhora que sofria de um quadro de delírios de ciúmes. Ele coloca, a partir da descrição da história, as teorias psiquiátricas de sua época ao lado das teorias psicanalíticas a fim de compará-las. Freud demonstra, assim, que elas não são necessariamente contraditórias: "Mas existe uma contradição, uma oposição nisso? Não é o caso de uma suplementar a outra? O fator hereditário contradiz a importância da experiência? Ambas as coisas não se combinam de maneira mais efetiva?".[17]

Da mesma maneira, na apresentação dos fragmentos de análise descritos no terceiro capítulo, tentamos estabelecer o entendimento dos fenômenos observados a partir da perspectiva psiquiátrica por um lado – trata-se de casos atendidos concomitantemente por colegas psiquiatras que introduziram medicações psicotrópicas – e pela perspectiva psicanalítica de outro.[18] Partindo da proposta de estabelecer o

---

16 *Ibid.*, p. 271, grifos do original.

17 Freud, S. (1916-1917/1996). Conferências introdutórias sobre psicanálise, p. 261.

18 Esse livro está restrito à demonstração de uma possível relação entre a psicanálise e a psicofarmacologia. Não pretendemos um maior aprofundamento teórico de cada entidade psicopatológica psicanalítica, apenas o suficiente para estabelecer essa relação. Também não pretendemos abordar a polêmica questão em torno da possibilidade ou não de um campo psicopatológico psicanalítico e psiquiátrico comum. Os diagnósticos psiquiátricos foram descritos apenas para fornecer um

lugar *da* psicofarmacologia *na* psicanálise, e entendendo que outros pontos de vista poderiam ser abordados nesta relação, optamos por iniciar com as descrições feitas no ambiente psicanalítico.

Ressaltamos que a teoria elaborada por Freud, até o fim de sua obra, certamente nunca menosprezou a função que um dia poderia ser atribuída ao químico. Freud inicialmente questiona a função de uma substância endógena e sexual e, mais tarde, sobre a natureza da pulsão, concebida como um representante psíquico dos estímulos somáticos. Nesse mesmo sentido, conforme declara Pierre Fédida, a separação mantida por Freud entre o plano da consciência e o cérebro deixa um hiato para o inconsciente psíquico, que poderia apenas ser deduzido: "a manutenção da palavra 'alma' após ter sido transposta da metafísica para a metapsicologia não poderia afastar de maneira alguma a função do químico".[19]

Em seu artigo intitulado "O químico e o psíquico: um desafio para a psicanálise", Fédida pontua que a psicanálise, assim, está confrontada com novos dados e descobertas que não podem ser ignorados: "*A pesquisa psicanalítica ganha mais, sem ceder em suas próprias exigências, em considerar esta incidência dos novos psicotrópicos e em contribuir para a compreensão das mudanças que eles induzem, se não nos próprios processos, pelo menos em suas manifestações*".[20]

---

melhor entendimento da prescrição medicamentosa instituída, considerando que a escolha do psicofármaco administrado, na prática psiquiátrica, é direcionada a partir do estabelecimento prévio de um diagnóstico clínico.

19 Fédida, P. (1997). O químico e o psíquico: um desafio para a psicanálise, p. 53.

20 *Ibid.*

1. Apresentação da psicofarmacologia e da psiquiatria

Para agir, é preciso ao menos localizar. Como agir sobre um terremoto ou um furacão? É, sem dúvida, à necessidade terapêutica que se deve atribuir a iniciativa de qualquer teoria ontológica da doença. Ver em qualquer doente um homem aumentado ou diminuído em algo já é, em parte, tranquilizar-se. O que o homem perdeu pode lhe ser restituído; o que nele entrou, pode sair. Mesmo se a doença é sortilégio, encantamento, possessão demoníaca, pode-se ter a esperança de vencê-la. Basta pensar que a doença atinge o homem para que nem toda a esperança esteja perdida.

Canguilhem, 1943

"Não há medicina sem receita. Para ser médica, a psiquiatria tinha a necessidade de medicamentos",[1] declara Édouard Zarifian, em um texto publicado originalmente em *La recherche 280* em outubro de 1995. Entusiasta da psiquiatria biológica, ele ressalta a importância da psicofarmacologia para o desenvolvimento da psiquiatria moderna, não só por ampliar seu arsenal terapêutico – hoje assentado basicamente na prescrição de psicofármacos –, mas também por

1 Em Os limites de uma conquista, p. 33.

possibilitar o desenvolvimento de pesquisas que levaram à descoberta de alterações neurobiológicas nas doenças mentais.

Até a década de 1950, a psiquiatria encontrava-se em uma situação complicada. De acordo com Zarifian, todas as outras especialidades médicas já tinham um sistema diagnóstico estabelecido, embasado em teorias biológicas e definido por alterações morfológicas e funcionais que, por sua vez, possibilitavam o direcionamento de uma estratégia terapêutica. Com a psiquiatria acontecia o contrário: ela possuía medicamentos, mas apoiava-se em descrições subjetivas de sintomas e histórias individuais, sem nenhum exame clínico, elétrico ou biológico que evidenciasse uma hipótese diagnóstica. Submetida às exigências da ciência – que leva à obrigação de explicar e compreender –, a psiquiatria naturalmente se voltou para as neurociências, e a descoberta dos psicotrópicos fundamentalmente possibilitou que uma hipótese etiológica apoiada em alterações neuroquímicas das doenças mentais pudesse ser estabelecida.[2]

Desde a descoberta dos psicofármacos, aumentou o interesse pelas modificações comportamentais e emocionais que essas substâncias podem provocar no animal. De maneira geral, os psicotrópicos correspondem a todas as substâncias capazes de modificar o psiquismo e o comportamento do homem, agindo sobre o cérebro. Esse fato não é algo novo; desde o início dos tempos, sabe-se que substâncias químicas podem modificar estados psíquicos.

O contexto histórico das substâncias psicoativas

As drogas sempre foram utilizadas para esquecer a fadiga, a fome, para aliviar o sofrimento físico ou moral, mas também para atingir o prazer.

2 *Ibid.*

Sacerdotes e xamãs ingeriam plantas há milênios para induzir estados de transe.[3] Essas substâncias eram chamadas "enteógenas" – termo de origem grega que significa "manifestação interior do divino". O cogumelo *amanita muscaria*, conhecido como agário das moscas ou mata-moscas, esteve no centro de diversos rituais religiosos na Ásia Central por pelo menos quatro mil anos. É um dos ingredientes do *Soma*, uma bebida sagrada na antiga Índia, e do *Haoma*, a bebida sagrada citada nas escrituras de uma antiga religião persa. Acreditava-se que os efeitos alucinógenos da *Amanita muscaria* eram provocados pela muscarina, uma substância colinérgica descoberta em 1869; no entanto, hoje sabe-se que esses efeitos são provocados por dois componentes ativos: o ácido ibotênico e o muscimol. Na América Central, cogumelos psicodélicos eram utilizados para os mesmos propósitos. Esses cogumelos alucinógenos contêm componentes psicoativos, como a psilocibina, atualmente estudada devido a seus efeitos antidepressivos.[4] Tribos indígenas no México pré-colombiano usavam o cacto peiote (*Lophophora williamsi*) para desencadear estados de introspecção espiritual. Esse cacto contém um alcaloide psicoativo, a mescalina.

Substâncias psicoativas também foram utilizadas como medicações durante quase toda a história da humanidade. Por exemplo, o uso medicinal do ópio já havia sido descrito em antigos textos. *Nepente*, supostamente uma planta que afastava a melancolia, foi citada no século IX antes de Cristo na Odisseia de Homero. Segundo a história, Helena de Tróia recebeu essa poção de uma rainha egípcia para tratar os guerreiros gregos: "imediatamente ela lançou no vinho que eles estavam bebendo uma droga para acalmar toda dor e contenda, e trazer

3 As informações históricas acerca da relação entre a humanidade e o uso de substâncias foram retiradas e resumidas a partir de um artigo escrito por Marc-Antoine Crocq, publicado em uma revista neurocientífica em 2007, tradução nossa.

4 O estudo das propriedades antidepressivas da psilocibina será abordado posteriormente, no tópico sobre a psiquiatria contemporânea.

o esquecimento de todos os males".[5] Desde o século XVIII, a maioria dos estudiosos considera que essa poção seria preparada à base de ópio. Seria algo semelhante aos antidepressivos utilizados na psicofarmacologia moderna, se considerarmos a origem etimológica da palavra – *ne*=não, *penthos*=dor, tristeza. O Papiro Ebers (1500 a.C.), um dos tratados médicos mais importantes e conhecidos do antigo Egito, já descreve um remédio para prevenir o choro excessivo em crianças, feito à base de grãos de papoula, administrado por quatro dias consecutivos. O *nepente* seria similar ao láudano, um medicamento feito à base de vinho branco, açafrão, cravo, canela e ópio, desenvolvido pelo alquimista Paracelso no século XVI. No século XIX, o láudano era utilizado extensamente em adultos e crianças para tratar diversas afecções, de insônia a doenças infecciosas.

Assim, conforme os lugares e as circunstâncias, uma substância pode passar de uma categoria à outra – de instrumentos para rituais religiosos às prescrições médicas.

Zarifian destaca que antes da descoberta dos medicamentos psicotrópicos propriamente ditos, os psiquiatras não estavam completamente sem recursos. Faziam uso dos opiáceos, como o láudano para tratar certas formas de melancolia, o cloral para adormecer ou como ansiolítico, os barbitúricos – como o gardenal – para epilepsia e insônia.[6]

A grande revolução farmacológica inicia-se a partir do século XIX, com a extração dos princípios ativos a partir de plantas. Como exemplifica Widlöcher, em 1860, o químico alemão Albert Nieman extraía da folha de coca seu alcaloide, a cocaína, que acabou sendo comercializada pela indústria farmacêutica vinte anos depois. Foi amplamente utilizada devido às suas propriedades estimulantes e como tratamento para a dependência de morfina. Freud também se interessava por suas propriedades e esperava demonstrar que o efeito

5 Crocq, *op. cit.*, p. 356, tradução nossa.

6 Zarifian, *op. cit.*, p. 33 e 34.

psicoestimulante estaria ligado a uma ação no sistema nervoso central. Escreve ele em seu artigo *Über Coca*, publicado em 1884:

> *Para vários médicos, a cocaína parece convocada a preencher uma lacuna no arsenal dos medicamentos de que a psiquiatria dispõe. Sabe-se que esta dispõe de meios suficientes para reduzir uma excitação demasiadamente grande dos centros nervosos, mas não sabe como aumentar a atividade reduzida destes centros. É por isso que se recomendou a coca nos estados de enfraquecimento psíquico mais diversos: para combater a histeria, a hipocondria, os distúrbios da melancolia, o estupor, etc.*[7]

Porém, a observação de que o tempo de ação da coca vai diminuindo com o tempo (efeito hoje conhecido como tolerância) e a constatação dos efeitos de dependência cada vez mais evidentes levaram Freud a renunciar seu programa de pesquisa.

Mas foi oficialmente no fim da década de 1940 que teve início a história da moderna psicofarmacologia, quando foram introduzidos os primeiros fármacos com a finalidade específica de tratar as doenças psiquiátricas.

Em 1949, foi feito o primeiro relato de tratamento de mania com lítio, realizado por Cade, e depois a descrição dos efeitos antipsicóticos da clorpromazina em 1952 por Delay e Deniker (Gorestein & Scavone, 1999, pp. 64-73). Os primeiros ansiolíticos foram o meprobamato (1954) e o clordiazepóxido (1957), seguidos por uma sucessão de benzodiazepínicos.

Destacamos que a psicofarmacologia surgiu empiricamente. Por exemplo, os antidepressivos inibidores da enzima monoaminoxidase (IMAO) foram descobertos a partir da observação de que a iproniazida, usada no tratamento da tuberculose, era capaz de provocar

7 Widlöcher *apud* Freud, *op. cit.*, p. 40 e 41.

euforia e melhorar o humor nos pacientes deprimidos, sendo testada para quadros de depressão a partir da década de 1950. Na mesma época, a pesquisa de novos compostos anti-histamínicos – antialérgicos – levou ao aparecimento da imipramina (1957), o primeiro em uma sucessão de antidepressivos tricíclicos.

Dessa maneira, até quase o final da década de 1950, já tinham sido descobertos cinco grupos de drogas capazes de promover alterações clínicas em transtornos mentais: os antipsicóticos (clorpromazina, haloperidol), os antidepressivos tricíclicos (imipramina), os antidepressivos IMAO (iproniazida), os ansiolíticos (meprobamato e clordiazepóxido) e o antimania (lítio).

A partir dessas descobertas, a questão que ligaria as doenças mentais ao substrato neurobiológico foi, enfim, colocada: como a ação química de uma molécula poderia influenciar as atividades mentais de uma pessoa? Como uma ação química pode modificar o pensamento e as emoções?

Consideramos que especialmente a descoberta da clorpromazina constitui um elemento fundamental para esse processo de consolidação da psiquiatria contemporânea, e, por esta razão, descreveremos sua trajetória mais detalhadamente.

A descoberta da clorpromazina

A descoberta das propriedades antipsicóticas da clorpromazina nos anos 1950 foi essencial para a clínica psiquiátrica, iniciando um movimento chamado de "Revolução psicofarmacológica". Ela abriu caminhos para o uso de outras medicações psicotrópicas, como o lítio, a imipramina e o clordiazepóxido, que continuam tendo uma importante contribuição na prática clínica psiquiátrica contemporânea. Além disso, ela permitiu diversos avanços científicos e terapêuticos na área da saúde mental. Também iniciou o processo de desinstitucionalização dos pacientes psiquiátricos, possibilitando que muitos deles fossem assistidos em seu ambiente familiar por seus psiquiatras; propiciou o conceito neurobiológico da esquizofrenia e de outras psicoses; atraiu o interesse de diversos pesquisadores e da indústria farmacêutica para o investimento no desenvolvimento de outras drogas psicofarmacológicas; ampliou consideravelmente o arsenal terapêutico utilizado pela psiquiatria, que até então era limitado a práticas pouco efetivas.

Em um artigo de revisão publicado na revista *Annals of Clinical Psychiatry* em 2005, escrito por autores de diversos países (Espanha, Taiwan, França), poderemos encontrar a trajetória fascinante da descoberta e da introdução da clorpromazina na clínica psiquiátrica que, conforme veremos a seguir, foi totalmente acidental.[8]

As fenotiazinas: de corantes da indústria têxtil à medicina

A descoberta da primeira família de agentes antipsicóticos foi secundária aos trabalhos inicialmente realizados na França após a Segunda Guerra Mundial: as fenotiazinas.

As primeiras substâncias fenotiazínicas foram desenvolvidas na Alemanha no século XIX pela indústria têxtil, dentre elas a alizarina (um corante vermelho) e o azul de metileno (um corante verde escuro solúvel em água que produz uma solução azul, derivado do alcatrão de carvão).

Segundo os autores, a introdução das fenotiazinas na medicina coincide com o desenvolvimento da microscopia, que necessitava de corantes que permitissem a visualização das preparações histológicas. A partir da utilização desses corantes nos tecidos orgânicos,

8 López-Muñoz, F. et al. (2005). History of the discovery and clinical introduction of chlorpromazine. p. 113-135. Tendo em vista o detalhamento histórico do artigo, traduzimos livremente seus dados e informações e os reproduzimos em seus principais aspectos.

foi observado que algumas dessas substâncias fenotiazínicas tinham também a capacidade de destruir agentes patogênicos (como bactérias e protozoários), sem, no entanto, comprometer as células humanas.[9]

As pesquisas clínicas com as fenotiazinas se intensificaram durante as guerras mundiais. Durante a Primeira Guerra Mundial, a única medicação disponível para o tratamento da malária era o quinino, extraído da árvore tropical *quina cinchona*, que, devido aos bloqueios militares do exército alemão, acabou se tornando inacessível aos outros países. Assim, a partir dos estudos das propriedades antimaláricas do azul de metileno, foram desenvolvidos diversos derivados, como o dietilaminoetil. Entretanto, esses derivados inicialmente sintetizados, apesar de suas propriedades antimaláricas eficazes, eram extremamente tóxicos, e o andamento das pesquisas acabou por descobrir a quinacrina, que posteriormente foi utilizada no tratamento da malária.

As pesquisas sobre as ações antimaláricas das fenotiazinas aumentaram consideravelmente até a década de 1930, na tentativa de desenvolver outros agentes antiparasitários. Vários desses compostos (formados basicamente a partir da adição de novas cadeias de amino no átomo central de nitrogênio das fenotiazinas) mostraram-se totalmente ineficazes contra a malária, porém foram observadas propriedades anti-histamínicas.

Conforme descrito no artigo, esses efeitos anti-histamínicos das fenotiazinas continuaram sendo estudados por um time de pesquisadores franceses liderado por Paul Charpentier, do laboratório Rhône-Poulenc (em Vitry-sur-Seine, França), interessados em encontrar outros derivados similares. O resultado dessas pesquisas foi finalmente a síntese da prometazina (RP-3277) entre 1946 e 1948.[10]

---

9 *Ibid.*, p. 114.

10 *Ibid.*, p. 115 e 116, tradução nossa.

Concomitante a esses acontecimentos, outro grupo de cientistas estava estudando as propriedades anti-histamínicas de diferentes substâncias para o tratamento de reações ao estresse e ao choque cirúrgico.

O tratamento na prevenção do choque cirúrgico: da prometazina à clorpromazina

O mais importante deles era Henri-Marie Laborit, um cirurgião do exército francês que, em 1949, trabalhava em um hospital militar na Tunísia e estava interessado em encontrar um método farmacológico para prevenir o choque cirúrgico em seus pacientes. A hipótese era de que o choque cirúrgico seria secundário a uma reação excessiva de defesa do organismo ao estresse; dessa maneira, uma inibição central ou periférica do sistema nervoso autônomo poderia ser uma estratégia terapêutica.[11]

Consequentemente, Laborit testou diferentes substâncias que poderiam provocar efeitos inibitórios nas reações vasomotoras viscerais do sistema neurovegetativo; tais substâncias incluíam os anti-histamínicos.

Dentre as medicações anti-histamínicas estudadas, ele encontrou a prometazina, com capacidade de prolongar o sono induzido por barbitúricos em roedores, além de uma aceitável atividade antichoque. Quando combinada com uma droga derivada da morfina, a dolantina, produzia um efeito chamado "coquetel lítico",[12] um marco histórico na anestesia moderna e que constitui a origem das anestesias realizadas com neurolépticos. Laborit passou a observar que, quando administrada em seus pacientes mais ansiosos, estes pareciam notavelmente calmos e relaxados. Dessa maneira, ele previu que essas medicações poderiam ter potenciais implicações no tratamento

11 *Ibid.*, p. 116, tradução nossa.

12 *Ibid.*

de pacientes psiquiátricos. Entretanto, como esse "coquetel" continha derivados da morfina em sua composição, ele acabou não sendo testado na clínica psiquiátrica devido ao risco de dependência.

À luz dessas descobertas, a *Specia Laboratories* do grupo Rhône-Poulenc, companhia que havia sintetizado e comercializado a prometazina, deu seguimento à linha de pesquisa de Laborit e, em 1950, ampliou a procura de agentes capazes de prevenir o choque cirúrgico por intermédio da síntese de substâncias com atividade depressora do sistema nervoso. Simone Courvoisier analisou todos os derivados fenotiazínicos com atividades anti-histamínicas sintetizados por Paul Charpentier desde 1944. Um deles, a RP-4560, produzida em dezembro de 1950, desempenhava uma atividade extraordinária não apenas nos efeitos anti-histamínicos, mas também em atividades parassimpáticas e antiadrenérgicas (capaz inclusive de neutralizar os efeitos da adrenalina na pressão sanguínea).[13]

No ano seguinte, a RP-4560 foi testada por inúmeros médicos, tanto na França como em outros países; sua eficácia como anestésico era notável. Outra característica interessante dessa substância era sua capacidade de reduzir a temperatura corpórea (para cerca de 28 a 30 °C). Laborit atribuiu esse efeito a uma queda basal no metabolismo e no consumo de oxigênio que, junto com suas propriedades hipnóticas, levaram o pesquisador a propor o conceito de "hibernação artificial"[14] em 1951. Essa técnica permitiu aumentar a eficácia da anestesia em diversos tipos de cirurgias, como as cardíacas.

A nova droga, descrita por diversos autores como "a droga de Laborit",[15] foi chamada de clorpromazina, sendo comercializada na França pelo grupo Rhône-Poulenc em 1952. Seu nome comercial Largactil® ("*large*"=amplo, "*acti*"=atividade) foi escolhido para

13 *Ibid.*, p. 117, tradução nossa.

14 *Ibid.*

15 *Ibid.*, p. 118, tradução nossa.

representar seu largo espectro de atividades farmacológicas: antiadrenérgica, antiedema, antitérmica, antichoque, anticonvulsivante, antiemética e assim por diante.

A clorpromazina na clínica psiquiátrica: a contribuição de Delay e Deniker

A fim de ampliar a pesquisa sobre os efeitos farmacológicos da RP-4560 em outras áreas, Laborit convenceu seus colegas psiquiatras[16] do hospital onde então trabalhava – o Hospital Val-de-Grâce – a testar a nova droga em pacientes psicóticos. Assim, em janeiro de 1952, a clorpromazina foi administrada pela primeira vez em um paciente psiquiátrico,[17] associada a um opiáceo, a um barbitúrico e combinada com a eletroconvulsoterapia. O paciente tornou-se rapidamente calmo e, depois de três semanas de tratamento, após a administração de uma dose total de 855 mg da RP-4560, recebeu alta do hospital com melhora dos sintomas. Essa experiência foi apresentada em 25 de fevereiro de 1952 em um encontro da *Société Médico-Psychologique* em Paris, e publicada em março do mesmo ano.[18]

Logo começaram a surgir diversos trabalhos clínicos com o uso da clorpromazina na prática psiquiátrica, mais notadamente os estudos realizados por Jean Delay (professor de psiquiatria em Sorbonne e diretor do Hospital Sainte-Anne em Paris) e Pierre Deniker (psiquiatra e Chefe de Departamento no mesmo hospital). Deniker tomou conhecimento dos experimentos de Laborit sobre a "hibernação artificial" por intermédio de seu cunhado, que era cirurgião, e encomendou algumas amostras da RP-4560 do grupo Rhône-Poulenc. Entretanto,

16 Mais notadamente Joseph Hamon, chefe do serviço de neuropsiquiatria, e Jean Paraire, psiquiatra assistente.

17 Tratava-se de Jacques Lh., um paciente de 24 anos que estava internado devido a um quadro grave de mania psicótica.

18 *Ibid.*

diferentemente da experiência realizada anteriormente, no Hospital Val-de-Grâce, Delay e Deniker administraram a clorpromazina sozinha pela primeira vez, sem nenhuma outra substância associada, confirmando sua eficácia como agente antipsicótico em pacientes agitados. Além disso, observaram que as doses de clorpromazina empregadas nas técnicas de "hibernação artificial" eram insuficientes quando utilizadas em monoterapia e que doses de 4 a 6 vezes maiores eram necessárias para produzir os efeitos antipsicóticos.[19]

Em 1952, Delay e Deniker descreveram também uma condição clínica provocada pela administração endovenosa da clorpromazina, caracterizada pela diminuição da atividade motora, embotamento afetivo e neutralidade emocional, nomeada por eles de síndrome neuroléptica. Delay propôs o termo neuroléptico (do grego *neuron*=nervo e *leptos*=delgado, fino) para designar a clorpromazina e todas as drogas que produzem um efeito motor similar. O termo foi amplamente aceito na Europa, mas não na América, que considerava inapropriado definir uma família de substâncias pelos seus efeitos colaterais, e não por suas propriedades terapêuticas. Assim, inicialmente nos EUA, o termo utilizado para designar essas substâncias era "tranquilizante", antes da atual definição do termo "drogas antipsicóticas".[20]

Entre maio e julho de 1952, Delay e Deniker apresentaram seis estudos clínicos reportando o uso da clorpromazina em 38 pacientes em estados de agitação psicomotora, em mania, em estados de confusão mental ou em surtos psicóticos agudos. Eles confirmaram a eficácia terapêutica dessa substância, assim como a pobre resposta terapêutica em casos de depressão ou em sintomas negativos da esquizofrenia.

A influência de Delay e Deniker foi decisiva para o futuro da psicofarmacologia e da psiquiatria, não apenas pela divulgação da importância terapêutica da clorpromazina, mas pelo desenvolvimento

---

19 *Ibid.*, p. 120, tradução nossa.
20 *Ibid.*

das primeiras formas de prescrição da terapia medicamentosa antipsicótica, por intermédio de diversos colóquios internacionais por eles presididos nos anos seguintes.

Em um curto período, de 1953 a 1955, o tratamento com a clorpromazina na psiquiatria espalhou-se ao redor do mundo.[21] No fim de 1955, existiam relatos dos efeitos da clorpromazina em pacientes psiquiátricos em diversos países, como Suíça, Inglaterra, Canadá, Alemanha, Hungria, países da América Latina, Austrália e URSS.

De acordo com Thomas Ban, a introdução da medicação na América do Norte ocorreu graças a um estudo canadense, realizado por um psiquiatra alemão erradicado em Montreal, Heinz Lehmann, e que foi publicado em uma revista científica americana em 1954 (em *Archives of Neurology and Psychiatry*).[22]

Dessa maneira, vimos o longo trajeto que levou à descoberta da clorpromazina: de corantes utilizados na indústria têxtil a corantes utilizados em microbiologia, de agentes antimaláricos a substâncias anti-histamínicas e, por fim, de tratamentos antichoque em procedimentos cirúrgicos até finalmente medicações antipsicóticas, esta

21 Embora Delay e Deniker tivessem demonstrado uma melhora clínica importante no tratamento dos pacientes psicóticos, o uso da clorpromazina entre os psiquiatras franceses foi postergado. Havia na França um grande ceticismo entre os profissionais, que consideravam a nova droga um simples agente sedativo, como o hidrato de cloral ou um barbitúrico, e Delay e Deniker tiveram dificuldade em persuadir seus colegas sobre a eficácia da ação antipsicótica da clorpromazina. A aceitação do seu uso terapêutico se espalhou predominantemente entre os jovens psiquiatras, sendo testados sobretudo por médicos residentes nos hospitais. Inúmeros autores atribuem essa resistência à demora da indústria farmacêutica em produzir a clorpromazina em detrimento do grande número de substâncias que haviam sido produzidas na década anterior (1940) e vendidas como panaceias no tratamento das doenças mentais, mas que apresentavam efeitos terapêuticos mínimos ou nulos.

22 Em outro artigo de revisão também sobre a história da clorpromazina: Ban, T. A. Fifty years chlorpromazine: a historical perspective, p. 495.

substância se consolidou como o ponto inicial de uma nova era no tratamento dos transtornos mentais.

Por fim, ressaltamos que a importância da introdução da clorpromazina na prática psiquiátrica não se restringe aos seus efeitos terapêuticos; ela teve um importante impacto no desenvolvimento das teorias que envolvem a etiologia neurobiológica dos transtornos mentais.

O impacto na neurofarmacologia

Simultaneamente a essas descobertas acerca dos agentes antipsicóticos, havia um crescente interesse sobre o entendimento da natureza da transmissão sináptica: de uma transmissão puramente elétrica para um evento mediado quimicamente. Até o fim da década de 1950, seis neurotransmissores haviam sido identificados no sistema nervoso central: a acetilcolina, a dopamina, o GABA, a norepinefrina (ou noradrenalina), a serotonina e a substância P. A expectativa era de que o uso da clorpromazina pudesse abrir um caminho para o entendimento da patofisiologia da esquizofrenia, além de possibilitar o desenvolvimento de tratamentos farmacológicos mais eficazes e mais seletivos.

Inicialmente diversas teorias foram formuladas acerca dos possíveis mecanismos de ação da clorpromazina, todos relacionados às bases etiopatogênicas erroneamente pressupostas da esquizofrenia na época.[23] Investigou-se uma possível ação da clorpromazina na atividade noradrenérgica periférica, uma ação direta no eixo hipotálamo-hipófise-adrenal, uma ação na enzima adenosina-trifosfato (que produziria resíduos neurotóxicos causadores dos quadros psicóticos) e em diversas outras.

23 A questão da etiopatogenia da esquizofrenia será melhor abordada no Capítulo 3, nos fragmentos da análise de um caso de delírio de perseguição.

As pesquisas de dois psicofarmacologistas suecos, Arvid Carlsson e Margit Lindqvist em 1963, levaram à descoberta do mecanismo de ação da clorpromazina e do haloperidol: a ligação a um receptor pós-sináptico de dopamina, bloqueando a ação da dopamina pré-sináptica liberada na fenda sináptica. Ban cita a esse respeito:

> *Esta descoberta, juntamente com a utilização de agonistas dopaminérgicos em diversas pesquisas, culminaram no desenvolvimento da hipótese da dopamina na etiologia da esquizofrenia em 1974: (a) o excesso de dopamina no cérebro provocado por agentes agonistas de dopamina (como a anfetamina) provoca sintomas psicóticos; (b) o bloqueio de receptores dopaminérgicos no neurônio pós-sináptico através do uso de antipsicóticos (como o haloperidol) melhora o quadro psicótico e (c) o cérebro de um indivíduo com esquizofrenia provavelmente possui mais receptores de dopamina quando comparado a indivíduos sem a doença. Esta hipótese dominou o campo psiquiátrico por 15 anos até o advento da segunda geração de antipsicóticos.*[24]

Expostos os aspectos do contexto histórico que levou à descoberta dos psicofármacos, passaremos para a psicofarmacologia contemporânea.

A psicofarmacologia contemporânea

Os avanços da psicofarmacologia desde a descoberta dos primeiros psicotrópicos na década de 1950 continuam ampliando de maneira impressionante os tratamentos psiquiátricos. Uma maior compreensão de como o cérebro funciona levou ao desenvolvimento de

---

24 Ban, *op. cit.*, p. 497, tradução nossa.

fármacos cada vez mais potentes, mais seletivos, menos tóxicos e com menor potencial de efeitos colaterais.

Confrontados com essas novidades, Widlöcher assinala que os médicos reagiram de acordo com sua ideologia científica. Os mais adeptos em encontrar uma explicação orgânica para as doenças mentais viram sua tese confirmada – uma substância química aplicada a um organismo deveria compensar o que provavelmente estava alterado no seu doente. Com as descobertas cada vez mais amplas e claras acerca dos mecanismos da neurotransmissão, principalmente a partir da década de 1960, confirmava-se a ideia de que a doença deveria resultar de uma anomalia na transmissão de neurotransmissores: "A partir deste momento, a psiquiatria biológica começaria sua escalada."[25]

Assim, para compreender as ações dos fármacos sobre o cérebro, o impacto das doenças sobre o sistema nervoso central e as consequências dos medicamentos psicotrópicos, é fundamental conhecer bem a linguagem e os princípios da neurotransmissão química: "A psicofarmacologia moderna é, em grande parte, a própria história da neurotransmissão química",[26] ressalta Stephen Stahl, na abertura de seu livro *Psicofarmacologia: bases neurocientíficas e aplicações práticas*, o mais utilizado pela psiquiatria atualmente.

---

25 Widlöcher, *op. cit.*, p. 41.

26 Stahl, S. (2014). *Psicofarmacologia: bases neurocientíficas e aplicações práticas*. Professor de psiquiatria da Universidade da Califórnia, San Diego, atua também como colaborador no departamento de psiquiatria da Universidade de Cambridge, tem contribuído significativamente para as pesquisas no campo da psicofarmacologia nas décadas de 1970, 1980 e 1990, especialmente nas áreas de serotonina, esquizofrenia e depressão. Publicou dois dos livros-texto mais vendidos nas áreas de psiquiatria e psicofarmacologia dos últimos vinte anos.

A neurotransmissão

Vimos que, a partir dos supostos mecanismos de ação das medicações psicotrópicas, foi possível estabelecer hipóteses bioquímicas acerca da etiologia dos distúrbios mentais. Dessa maneira, tais distúrbios decorreriam de alterações na neurotransmissão em algumas áreas do cérebro, determinadas geneticamente. Os genes implicados teriam relação com o metabolismo dos neurotransmissores sobre os quais agem esses medicamentos.

Para compreender o mecanismo de ação dos psicofármacos, começaremos por abordar alguns conceitos fundamentais para o entendimento da neurotransmissão.

No livro *Psicofarmacologia: bases neurocientíficas e aplicações práticas* de Stephen Stahl, em sua mais recente edição, publicada em 2014, podemos encontrar mais detalhadamente algumas bases neurocientíficas e mecanismo de ação dos psicofármacos.

Os neurônios são as células da comunicação química do cérebro. O cérebro humano é constituído por dezenas de bilhões de neurônios, cada um dos quais ligado a milhares de outros neurônios. Assim, o cérebro tem trilhões de conexões especializadas, as sinapses. Os neurônios têm muitos tamanhos, comprimentos e formatos que determinam suas funções. Sua localização no cérebro também determina a função desempenhada.

Resumindo esse complexo sistema: a neurotransmissão clássica começa por um processo elétrico, por meio do qual os neurônios enviam impulsos elétricos de uma parte da célula a outra parte desta mesma célula através de seus axônios. Todavia, esses impulsos elétricos não saltam diretamente para outros neurônios. A neurotransmissão clássica entre neurônios envolve um que envia um mensageiro químico ou neurotransmissor aos receptores de um segundo neurônio. Isso ocorre com frequência, mas não exclusivamente, nas áreas de conexões sinápticas. Stahl nos dá uma dimensão desse complexo sistema: "no cérebro humano, 100 bilhões de neurônios fazem milhares de sinapses com outros neurônios para algo em torno de 1 trilhão de sinapses de neurotransmissão química".[27] A comunicação entre todos esses neurônios nas sinapses é química, e não elétrica. Ou seja, um impulso elétrico no primeiro neurônio converte-se em um sinal químico na sinapse entre tal neurônio e um segundo neurônio, em um processo conhecido como acoplamento excitação-secreção, que é o primeiro estágio da neurotransmissão química. Esse processo ocorre predominantemente, mas não de maneira exclusiva, em uma direção: do terminal axônico pré-sináptico para um segundo neurônio pós-sináptico. Por fim, a neurotransmissão prossegue no segundo neurônio, que converte a informação química do primeiro neurônio novamente em um impulso elétrico ou, talvez, de modo mais refinado, por meio da informação química proveniente do primeiro neurônio. Esta desencadeia uma série de outras mensagens químicas no segundo neurônio, a fim de mudar seu funcionamento molecular e genético.

Essa comunicação química é mediada pelos neurotransmissores.

Os neurotransmissores

Segundo Stahl, há pouco mais de meia dúzia de neurotransmissores conhecidos no sistema nervoso central. Os principais sistemas de neurotransmissores que são alvos das substâncias psicotrópicas são:

- Serotonina.
- Noradrenalina.
- Dopamina.
- Acetilcolina.

---

27 Stahl, *op. cit.*, p. 30.

- Glutamato.
- GABA (ácido-γ-aminobutírico).

Alguns desses neurotransmissores são muito semelhantes aos fármacos – os fármacos frequentemente imitam os neurotransmissores naturais do cérebro, e alguns deles foram descobertos antes mesmo do neurotransmissor natural. Por exemplo, sabe-se que o cérebro produz sua própria morfina, como a betaendorfina, e sua própria maconha, como a anandamida.

A partir dessa concepção, quando a função neuronal é alterada por fármacos, os sintomas comportamentais podem ser aliviados, agravados ou produzidos. Os psicofármacos têm diversos mecanismos de ação, porém todos se dirigem a sítios moleculares específicos que exercem efeitos profundos sobre a neurotransmissão.

A classificação dos psicofármacos

Para que os psicofármacos sejam utilizados na prática clínica, uma classificação se faz necessária; estabelecido um diagnóstico, a terapêutica deverá ser instituída. No entanto, quanto à classificação dos psicofármacos, encontramos uma problemática semelhante à nosologia psiquiátrica, que será abordada posteriormente. Por exemplo, ao tomarmos como referência dois livros comumente utilizados pelos psiquiatras clínicos atualmente, podemos notar o quanto as classificações podem ser distintas.

No Compêndio de Psiquiatria de Kaplan, Sadock e Ruiz, na sua mais recente versão,[28] de 2017, os autores admitem que a terminologia dos fármacos psicotrópicos pode ser confusa. Os fármacos podem ser descritos por sua aplicação clínica principal, por exemplo,

28 Kaplan, H., Sadock, B., Ruiz, P. (2017). *Compêndio de psiquiatria: ciência do comportamento e psiquiatria clínica*. Esse compêndio é amplamente utilizado como base de ensino na maioria das instituições médicas na área de psiquiatria.

antidepressivos, antipsicóticos, ansiolíticos, hipnóticos, estabilizadores do humor, estimulantes. O problema desse sistema é que, em vários casos, diversas aplicações clínicas podem ser consideradas para uma mesma substância. Por exemplo, um antidepressivo, como o escitalopram, pode ser administrado tanto para sintomas depressivos quanto ansiosos.

Os psicofármacos podem ser ainda classificados de acordo com a estrutura (por exemplo, tricíclicos), o mecanismo (por exemplo, inibidores seletivos da recaptação de serotonina) ou sua história (por exemplo, antipsicóticos de primeira ou segunda geração).

No *Compêndio de Psiquiatria* de Kaplan, Sadock e Ruiz, os fármacos são classificados conforme o mecanismo de ação compartilhado ou de acordo com a semelhança de estrutura. São mais de 30 tipos descritos: antagonistas dos receptores β- adrenérgicos, agonistas e precursores dos receptores de dopamina, inibidores seletivos da recaptação de serotonina, inibidores seletivos da recaptação de serotonina e noradrenalina...

Já no Manual de Psicofarmacologia de Stephen Stahl, os psicofármacos são divididos predominantemente de acordo com sua aplicação clínica, sendo correlacionado o substrato neurobiológico das doenças com seu tratamento. Então são classificados em agentes antipsicóticos, antidepressivos e seus subtipos, estabilizadores do humor, ansiolíticos.

Considerando nosso objetivo principal de estabelecer uma articulação entre a psicofarmacologia e a psicanálise por intermédio da clínica, utilizaremos as classificações dos psicofármacos baseadas em suas aplicações clínicas. De maneira resumida, são elas:

- Agentes antipsicóticos.
- Agentes antidepressivos.
- Fármacos estabilizadores de humor.

- Fármacos utilizados em transtornos de ansiedade.
- Fármacos utilizados em transtornos do sono e vigília.
- Fármacos utilizados em transtornos da impulsividade, compulsividade e adição.
- Fármacos utilizados no transtorno de déficit de atenção e hiperatividade.
- Fármacos utilizados em demência.

Abordaremos de maneira suscinta as principais classes.[29]

No intuito de facilitar a identificação de cada psicofármaco para um público não familiarizado com a psicofarmacologia, optamos por descrever os principais medicamentos de cada classe em tabelas, assim como algumas explicações acerca de cada um deles a seguir.[30]

Agentes antipsicóticos

Os agentes antipsicóticos, a exemplo do que foi anteriormente visto na história da descoberta da clorpromazina, são utilizados essencialmente nos quadros de esquizofrenia e outras psicoses. São divididos basicamente em duas classes: os antipsicóticos convencionais e os antipsicóticos atípicos.

---

29 A maioria das informações acerca da classificação dos psicofármacos foi compilada a partir do *Compêndio de psiquiatria* de Kaplan, Sadock e Ruiz, do *Manual de Psicofarmacologia* de Stephen Stahl e do livro *Psicofármacos: consulta rápida*, de Aristides Volpato Cordioli.

30 Na publicação do livro, os medicamentos serão descritos a partir do seu princípio ativo, a fim de evitar maiores conflitos com a indústria farmacêutica. Lembramos que um mesmo princípio ativo pode ter vários nomes comerciais, dependendo do laboratório que o fabrica.

Tabela 1.1 Agentes antipsicóticos

Antipsicóticos convencionais[1]	Clorpromazina
	Haloperidol
	Pimozida
	Sulpirida
	Tioridazina
	Levomepromazina
Antipsicóticos atípicos[2]	Clozapina
	Olanzapina
	Risperidona
	Quetiapina
	Ziprasidona
	Paliperidona
	Lurasidona
	Aripiprazol

[1] Os antipsicóticos convencionais, algumas vezes também denominados antipsicóticos clássicos, antipsicóticos típicos ou anti-psicóticos de primeira geração, foram os primeiros a serem descobertos. As ações terapêuticas dos antipsicóticos convencionais devem-se, talvez, ao bloqueio dos receptores D2 (receptor dopaminérgico do subtipo 2), especificamente na via dopaminérgica mesolímbica. Esse bloqueio tem o efeito de reduzir a hiperatividade dessa via, que se acredita ser a causa dos sintomas positivos da psicose. Infelizmente, para bloquear uma quantidade adequada de receptores D2 na via dopaminérgica mesolímbica com o objetivo de eliminar os sintomas positivos, é preciso bloquear simultaneamente a mesma quantidade de receptores D2 em todo cérebro, e isso provoca efeitos colaterais indesejáveis, já descritos por Delay e Deniker, a "neurolepsia". Também acarretam diversos efeitos colaterais no longo prazo, como a discinesia tardia e sintomas extrapiramidais, que corresponde a alterações dos movimentos: incluem movimentos faciais e da língua (mastigação constante, protrusão da língua, caretas) e movimentação dos membros – que podem ser rápidos, espasmódicos ou coreiformes (em "dança") (Stahl, 2014, p. 205).

[2] Já os antipsicóticos atípicos recebem esta denominação por se diferenciarem dos antipsicóticos convencionais: têm o perfil clínico de ações antipsicóticas iguais sobre os sintomas positivos, porém com poucos sintomas extrapiramidais. Como quase todos os agentes com esse perfil atípico foram desenvolvidos após a introdução da clozapina, os antipsicóticos atípicos são também denominados antipsicóticos de segunda geração. Do ponto de vista farmacológico, os antipsicóticos atípicos atuais como classe podem ser definidos como antagonistas da serotonina-dopamina, com antagonismo simultâneo dos receptores de serotonina 5HT2A (subtipo de receptor de serotonina pós-sináptico) que acompanha o antagonismo mais seletivo de D2 (Stahl, 2014, p. 247). Por seus efeitos serotoninérgicos, também podem ser utilizados como antidepressivos, estabilizadores de humor e ansiolíticos.

Agentes antidepressivos

Existem muitas classes de antidepressivos e diversos fármacos individuais. A ação clássica dos antidepressivos consiste em bloquear um ou mais dos transportadores de serotonina, noradrenalina e/ou dopamina. Stahl defende a ideia de que essa ação farmacológica é consistente com a hipótese monoaminérgica da depressão, segundo a qual as monoaminas estão de algum modo alteradas, provocando melhora dos sintomas depressivos quando estimuladas com medicações antidepressivas.[31]

As principais classes de antidepressivos (divididas de acordo com seu mecanismo de ação principal) e seus representantes são mostrados na Tabela 1.2.

Tabela 1.2 Agentes antidepressivos

Inibidores seletivos da recaptação de serotonina[1] (IRSS)	Fluoxetina Sertralina Paroxetina Fluvoxamina Citalopram Escitalopram
Inibidores da recaptação de serotonina-noradrenalina[2] (IRSN)	Venlafaxina Desvenlafaxina Duloxetina
Antidepressivos tricíclicos[3]	Imipramina Clomipramina Amitriptilina Nortriptilina Maprotilina

31 A depressão do ponto de vista psicanalítico será abordada no Capítulo 3, nos fragmentos da análise de um caso de depressão.

Inibidores da recaptação de noradrenalina e de dopamina[4]	Bupropiona
Agonista dos receptores de melatonina[5]	Agomelatina
Antagonista dos receptores α2-adrenérgico[6]	Mirtazapina
Antagonistas/inibidores da recaptação de serotonina[7]	Trazodona
Inibidores da monoaminoxidase[8] (IMAO)	Tranilcipromina Isocarboxazida
Antidepressivo multimodal[9]	Vortioxetina

[1] Inibidores seletivos da recaptação de serotonina: promovem a inibição seletiva e potente da recaptação da serotonina. São os mais utilizados na prática clínica, sendo prescritos também em diversos outros transtornos (transtornos de ansiedade, depressão bipolar, transtornos alimentares etc.).

[2] Inibidores da recaptação de serotonina-noradrenalina: denominados agentes de dupla ação ("duais"), atuando tanto na recaptação da serotonina quanto da noradrenalina.

[3] Antidepressivos tricíclicos: a observação em 1957 de que a imipramina, que será abordada no Capítulo 3, apresentava efeitos antidepressivos levou ao desenvolvimento de diversas outras medicações antidepressivas semelhantes (os quais compartilham uma estrutura tricíclica básica). Foram os estudos com a imipramina que levaram às pesquisas no papel das catecolaminas (noradrenalina e serotonina) na etiologia da depressão. São amplamente utilizadas em outros transtornos, como transtorno do pânico, transtorno de ansiedade generalizada, TOC e síndromes dolorosas.

[4] Inibidores da recaptação de noradrenalina e de dopamina: o mecanismo de ação da bupropiona permaneceu incerto por muito tempo e ainda há controvérsias entre os pesquisadores. O mais provável é que ela iniba a recaptação tanto da noradrenalina quanto da dopamina. O mais interessante é que ela não atua no sistema serotoninérgico, tendo, portanto, menor risco de impacto na função sexual.

[5] Agonista dos receptores de melatonina: baseando-se na hipótese de que a depressão pode alterar o ciclo circadiano, isto é, o ciclo sono-vigília; antagonista dos receptores serotominérgicos 5HT2c.

[6] Antagonistas de alfa-2 adrenérgico: a mirtazapina é o único fármaco que aumenta tanto a noradrenalina quanto a serotonina por meio de um mecanismo alternativo ao bloqueio da recaptação.

[7] Antagonistas/inibidores da recaptação de serotonina: bloqueiam os receptores serotoninérgicos 2A e 2C, bem como a recaptação de serotonina. Essa classe é representada pela trazodona, que acabou tendo sua eficácia clínica limitada devido ao seu potente efeito sedativo. Por isso, é utilizada em doses menores em pacientes com insônia.

[8] Inibidores da MAO: introduzidos na década de 1950, foram os primeiros antidepressivos aprovados. O primeiro deles, a isoniazida, era utilizado no tratamento da tuberculose. Apesar de sua eficácia, sua prescrição como agentes de primeira linha é limitada, devido ao risco de desenvolvimento de hipertensão arterial potencialmente fatal e necessidade de uma dieta restrita.

[9] A vortioxetina pode exercer sua atividade antidepressiva por intermédio da modulação da neurotransmissão em múltiplos sistemas – serotonina, noradrenalina, dopamina, acetilcolina, histamina e glutamato.

Fármacos estabilizadores de humor

O termo estabilizador de humor foi introduzido há várias décadas, com base na observação de que o lítio apresentava ações antimaníacas e antidepressivas, diminuindo chances de oscilações e, assim, mantendo o humor mais estável. Esse termo acabou sendo expandido para outras classes que também mostraram eficácia no tratamento do transtorno bipolar, como anticonvulsivantes e antipsicóticos. Os mais utilizados na prática clínica são mostrados na Tabela 1.3.

Tabela 1.3 Fármacos estabilizadores de humor

	Lítio[1]
Anticonvulsivantes[2]	Carbamazepina
	Oxcarbazepina
	Ácido valproico
	Divalproato de sódio
	Lamotrigina
	Topiramato

[1] A eficácia do lítio para mania e para o tratamento profilático do transtorno maníaco-depressivo teve início na década de 1950 com as pesquisas de John F. J. Cade, um psiquiatra australiano. Durante muitas décadas, foi a única medicação aprovada para o tratamento da manutenção do transtorno afetivo bipolar. O lítio é um íon monovalente, membro do grupo 1 A de metais alcalinos da tabela periódica (junto com o sódio, o potássio, o rubídio, o césio e o frâncio). Uma explicação para seus efeitos terapêuticos não foi ainda elucidada, mas acredita-se que ele provoca alterações de transporte de íons nas membranas neuronais, resultando em efeitos sobre os neurotransmissores e vias de transdução de sinais (Kaplan, Sadock e Ruiz, 2017, p. 983).

[2] Os anticonvulsivantes são também utilizados como estabilizadores de humor, partindo do pressuposto utilizado nos quadros convulsivos, nos quais convulsões podem ativar mais crises convulsivas.

Fármacos utilizados em transtornos de ansiedade

Os transtornos de ansiedade podem ser vistos como "uma família" de transtornos mentais relacionados, porém distintos. Incluem atualmente transtorno de pânico, agorafobia, fobia específica, transtorno de ansiedade social ou fobia e transtorno de ansiedade generalizada. Do ponto de vista neurobiológico, foram realizados progressos importantes na compreensão dos circuitos subjacentes ao sintoma central desses transtornos – ansiedade/medo – com base em uma série de pesquisas sobre a amígdala.[32]

O GABA (ácido γ-aminobutírico) é um dos neurotransmissores mais importantes envolvidos na ansiedade e na ação ansiolítica de muitos fármacos usados no tratamento dos transtornos de ansiedade. Segundo Stahl,[33] o GABA é o principal neurotransmissor inibitório do cérebro, que normalmente exerce uma função reguladora importante na redução da atividade de numerosos neurônios. Os benzodiazepínicos, provavelmente os ansiolíticos mais utilizados, aumentam as ações do GABA na amígdala e no córtex pré-frontal para aliviar a ansiedade. Seus exemplos mais notáveis são apresentados na Tabela 1.4.

Tabela 1.4 Benzodiazepínicos

Benzodiazepínicos[1]	Diazepam
	Clonazepam
	Alprazolam
	Lorazepam
	Midazolam
	Flurazepam
	Estazolam
	Triazolam
	Flunitrazepam
	Cloxazolam
	Clordiazepóxido

[1] O primeiro benzodiazepínico a ser introduzido foi o clordiazepóxido, em 1959. Os benzodiazepínicos foram assim chamados devido à sua estrutura molecular – a fusão de um anel de benzina com um anel de diazepina. Eles modulam a atividade do GABA; seu efeito sedativo e ansiolítico rápido propiciou que fossem amplamente utilizados no tratamento agudo dos quadros de ansiedade,

32 A concepção da angústia e ansiedade sob o viés psicanalítico será melhor discutida no Capítulo 3, nos fragmentos da análise de um caso de pânico.

33 Stahl, *op. cit.*, p. 563.

insônia e agitação, associados a qualquer tipo de transtorno psiquiátrico. Devido ao risco de dependência associado ao seu uso prolongado, são utilizados na maioria dos casos em situações agudas ou pontuais; assim, nos transtornos crônicos de ansiedade são utilizados fármacos antidepressivos (como os inibidores seletivos da recaptação de serotonina e os inibidores da recaptação de serotonina e noradrenalina), e os benzodiazepínicos são utilizados como tratamento adjunto.

Fármacos utilizados em transtornos do sono e vigília

O sono é um dos componentes da vida humana mais significativos, ocupando cerca de um terço da vida. Ele pode parecer à primeira vista um fenômeno passivo, mas geralmente está associado a um alto grau de ativação cerebral. A privação prolongada do sono leva a prejuízos cognitivos e físicos graves, sendo de extrema relevância na psiquiatria e na psicanálise, podendo fazer parte de praticamente todas as afecções.

Em seu livro *O oráculo da noite*, o neurocientista Sidarta Ribeiro traça o percurso da percepção do sono e dos sonhos ao longo da história da humanidade: sua relação com nossos ancestrais, com a cultura, a religião, as neurociências e a psicanálise.

Segundo o autor, foi a partir do fenômeno onírico que Freud desenvolveu sua teoria, na qual o sonho nasce como o objeto de estudo capaz de levar à compreensão da mente humana: "A psicanálise marca um retorno de olhos abertos às práticas oníricas da Antiguidade, ao encarar o sonho como ferramenta essencial para desbravar as redes simbólicas e seus nós cegos".[34] Dessa maneira, a publicação de *A interpretação dos sonhos*, em 1900, marcaria o nascimento da psicanálise, ao colocar o exemplo dos sonhos como um dos caminhos para o inconsciente.

Com relação à estrutura do sono, atualmente sabemos que o sono dos mamíferos possui duas grandes fases caracterizadas por diferenças acentuadas nos níveis de atividade cerebral: o sono não REM e o sono REM. No sono não REM, são observados 4 estágios, geralmente

34 Ribeiro, S. (2019). *O oráculo da noite: a história e a ciência do sonho*, p. 82.

breves, nos quais a maioria das funções físicas é proeminentemente menor do que no estado de vigília. Ribeiro também explica que o sono REM é um tipo de sono qualitativamente diferente, considerado "mais profundo"[35] e caracterizado por altos níveis de atividade cerebral e fisiológica semelhantes aos de vigília. Os episódios de sono REM se tornam não apenas mais longos no decorrer da noite, mas também mais intensos: aumentam os movimentos oculares (*Rapid Eye Movement*), os espasmos musculares e a vividez das experiências nos sonhos. O sono REM atinge sua duração máxima quando a temperatura corporal atinge seu nível mais baixo. As enormes variações do conteúdo mental nas distintas fases do sono correspondem às variações dos níveis de neurotransmissores.[36]

O sono está sujeito a inúmeras desordens fisiológicas ou psíquicas: insônia, hipersonia, sonambulismo, terrores noturnos, apneia obstrutiva do sono. Assim, várias medicações podem ser utilizadas para o tratamento desses transtornos, dependendo de suas características e das causas para tais alterações. De maneira resumida, as mais utilizadas na prática clínica são descritas na Tabela 1.5.[37]

---

35 *Ibid.*, p. 138.

36 Muitos estudos sustentam o papel da serotonina na regulação do sono; outros neurotransmissores também implicados nessa regulação são a acetilcolina, a noradrenalina, a melatonina, a histamina e a dopamina.

37 Algoritmo de tratamento extraído do *Psicofármacos: consulta rápida (5. ed.)*, de Aristides Volpato Cordioli, publicado em 2015.

Tabela 1.5 Fármacos utilizados em transtornos do sono e vigília

Benzodiazepínicos (Tabela 1.4)	Diazepam Clonazepam Alprazolam Lorazepam Midazolam Flurazepam Estazolam Triazolam Flunitrazepam Cloxazolam Clordiazepóxido
Hipnóticos agonistas seletivos GABA A	Zolpidem Zopiclona
Agonistas da melatonina	Ramelteona
Antidepressivos (Tabela 1.2)	Imipramina Trazodona Mirtazapina
Antipsicóticos (Tabela 1.1)	Clorpromazina Levomepromazina Olanzapina Quetiapina Ziprasidona
Anti-histamínicos	Prometazina Hidroxizina Difenidramina

Fármacos utilizados em transtornos da impulsividade, compulsividade e adição

O progresso nas pesquisas dos neurocircuitos da impulsividade e da compulsividade levou à ideia de que muitos transtornos psiquiátricos têm em comum essas duas áreas da psicofarmacologia. Além do mais conhecido, a adição a substâncias, Stahl enumera outros transtornos impulsivo-compulsivos: o transtorno obsessivo-compulsivo (TOC), a tricotilomania, o jogo patológico, a agressividade, a obesidade e outros transtornos que, possivelmente, estejam relacionados, em parte, com o processamento deficiente de informações nos circuitos do córtex pré-frontal/estriado.[38]

O transtorno obsessivo-compulsivo (TOC) constitui atualmente o modelo dos transtornos de impulsividade e compulsividade, sendo que anteriormente foi considerado como um transtorno de ansiedade. Do ponto de vista neurobiológico, os diversos ensaios clínicos realizados sustentam a hipótese de que a desregulação da serotonina está envolvida na formação do sintoma de obsessões e compulsões desse transtorno.[39] O tratamento farmacológico de primeira escolha do TOC consiste na administração de inibidores seletivos da recaptação de serotonina ou da clomipramina (Tabela 1.2).

Fármacos utilizados no transtorno de déficit de atenção e hiperatividade

Atualmente postula-se que o transtorno de déficit de atenção e hiperatividade[40] seja provocado por anormalidades do neurodesenvolvimento

38 Stahl, *op. cit.*, 767.

39 Diversos dados mostram que fármacos serotoninérgicos são mais eficazes no tratamento do TOC do que fármacos que afetam outros sistemas de neurotransmissores, mas ainda não está claro se a serotonina está envolvida no TOC.

40 Transtorno que envolve uma tríade de sintomas: desatenção, hiperatividade e impulsividade.

do córtex pré-frontal, associadas à diminuição da liberação de dopamina e de noradrenalina. O tratamento farmacológico consiste basicamente na administração de agentes estimulantes (dopaminérgicos) e noradrenérgicos. Essas medicações incluem o metilfenidato ou lisdexanfetamina como primeira linha.

Fármacos utilizados em demência

Os transtornos amnésticos são codificados no DSM-V como "transtorno neurocognitivo maior ou leve devido a outra condição médica". A demência consiste principalmente no prejuízo da memória (amnésia), mas podem aparecer déficits de linguagem (afasia), de função motora (apraxia), de reconhecimento (agnosia) ou de função executiva, como memória de trabalho e resolução de problemas. Podem ocorrer também alterações da personalidade, às vezes até antes do aparecimento de prejuízos na memória. Esses transtornos constituem uma ampla categoria de doenças, que podem ter diversas causas (lesões vasculares, traumáticas, medicamentosas, infecciosas, tumorais).

A doença de Alzheimer, principal representante desse grupo, está associada a anormalidades no processamento de uma proteína precursora de amiloide, que culminam no acúmulo de placas amiloides tóxicas no sistema nervoso central, levando a um processo de neurodegeneração. Várias pesquisas sugerem que esse processo levaria principalmente à degeneração de neurônios colinérgicos no núcleo basal de Meynert, no prosencéfalo basal, que consiste no principal centro cerebral dos neurônios que se projetam por todo o córtex – e que desempenham o papel principal na formação de memórias.[41] Dessa maneira, as medicações comumente utilizadas nos quadros de demência são os fármacos inibidores da colinesterase (o bloqueio da enzima acetilcolinesterase leva ao aumento dos níveis de acetilcolina).

41 Stahl, *op. cit.*, p. 720.

São elas: a donepezila, a rivastigmina e a galantamina. Também é utilizada a memantina.[42]

Conforme exposto, grande segmento da classificação dos psicofármacos está intimamente relacionada à sua possível aplicação clínica, baseada em pressupostos neurobiológicos e na descrição de sintomas que levaram ao desenvolvimento de uma classificação diagnóstica na psiquiatria.

Desse ponto, apresentada a psicofarmacologia, partiremos para uma breve exposição sobre a psiquiatria contemporânea – considerando que uma precisa da outra na prática terapêutica – para finalmente chegarmos ao nosso objetivo: estabelecer uma relação entre a psicofarmacologia e a psicanálise a partir da clínica psicanalítica.

A psiquiatria contemporânea

A psiquiatria, como disciplina teórica e técnica terapêutica, foi constituída a partir do momento em que a loucura passou a ser vista como uma doença diferente, um fenômeno patológico, o que exigiu um tipo específico de medicina.

Sendo um ramo da medicina, a psiquiatria também precisava de uma nosologia definida. Márcia Szajnbok, em um artigo sobre a história da psiquiatria,[43] descreve a importância do diagnóstico associado à própria história da medicina.

A autora situa a origem do diagnóstico clínico na Medicina Grega. Hipócrates lançou as bases do método clínico, estabelecendo a medicina como uma profissão e fazendo dela uma ciência. O objetivo

42 A memantina é um antagonista do glutamato, e seu uso se justifica pela hipótese de que o glutamato é liberado em excesso pelas placas de amiloide e emaranhados neurofibrilares neurotóxicos na doença de Alzheimer.

43 Szajnbok, M. (2013). A psicanálise e o futuro da psiquiatria, pp. 89-98.

de traçar diagnósticos advinha da importância de estabelecer técnicas terapêuticas mais específicas e eficazes.

A partir do final do século XVIII, com o advento da anatomia patológica, o conhecimento médico passou a ser assentado no método anatomoclínico, como ressalta Szajnbok:

> *Assim, por exemplo, em sua Anatomia Geral, de 1801, Bichat escreveu que a Medicina teria o direito de se aproximar das ciências quando unisse a observação rigorosa do doente e o exame das alterações patológicas reconhecidas em seus órgãos. A partir de então, as entidades nosológicas passam a ser definidas por etiologia, anatomopatologia, evolução, tratamento e prognóstico. Toda a sofisticação tecnológica que ocorreu desde então apenas apurou esse método, cujo paradigma permaneceu intocado.*[44]

Nesse contexto, entretanto, a psiquiatria encontrava-se excluída das demais especialidades – não haviam sido descobertas alterações anatomoclínicas que sustentassem uma explicação etiológica dos transtornos mentais. O diagnóstico era eminentemente clínico e, diferentemente da oncologia, por exemplo, que já possuía uma base clínica, anatômica e histológica bem sedimentada, a psiquiatria contava com poucos achados que confirmassem uma causa orgânica para os fenômenos observados nos pacientes.

Foi apenas a partir de 1980, como já vimos, com o desenvolvimento da psicofarmacologia e das neurociências, que a psiquiatria passou a obter certo sucesso no seu propósito de se fundar como uma especialidade médica legítima.

Dessa maneira, a necessidade de um sistema de classificação diagnóstica era fundamental, tanto para a prescrição dos psicofármacos

---

44 *Ibid.*, p. 89.

quanto para pesquisas sobre a eficácia terapêutica de novas medicações que pudessem provocar cada vez mais efeitos favoráveis no tratamento dos transtornos mentais, com menor perfil de efeitos colaterais.

Para exemplificar como são realizados os estudos científicos na atualidade, mostraremos um artigo sobre o tratamento medicamentoso para depressão, comparando a eficácia da psilocibina com o escitalopram – *Trial of Psilocybin* versus *Escitalopram for Depression*,[45] publicado em abril de 2021 no *New England Journal of Medicine* (NEJM), uma das mais conceituadas revistas médicas contemporâneas.

A psilocibina é um alucinógeno natural encontrado em algumas espécies de cogumelos, usada desde a Antiguidade em rituais religiosos, e que parece ter uma ação benéfica sobre indivíduos com sintomas depressivos – provavelmente por sua ação no sistema serotoninérgico.

A partir dessa observação, foi realizado um ensaio clínico comparando os efeitos terapêuticos dessa substância com o escitalopram,[46] um antidepressivo já comprovadamente eficaz no tratamento da depressão e inclusive largamente utilizado na clínica psiquiátrica. Trata-se de um ensaio clínico randomizado e duplo-cego (nem o pesquisador, nem os pacientes estudados sabem qual medicação receberão – o que diminui as chances de efeitos produzidos pela sugestão).

Seguindo a explicação de um artigo de revisão sobre o tema,[47] os ensaios clínicos constituem uma ferramenta importante para a

---

45 Carhat-Harris, R. et al. Trial of psilocybin versus escitalopram for depression, pp. 1402-1411. O *New England Journal of Medicine* (NEJM) é uma revista médica publicada semanalmente pela *Massachusetts Medical Society* – é um dos periódicos mais lidos, citados e influentes no mundo, fundado em 1812.

46 O escitalopram é um antidepressivo da classe dos inibidores seletivos da recaptação de serotonina, desenvolvido entre 1997 e 2001, visto na seção anterior na classificação dos psicofármacos.

47 No artigo citado, encontramos uma revisão bastante sucinta e didática sobre a realização de ensaios clínicos, publicado na Revista Brasileira de Psiquiatria. Coutinho, E. S. F. & Cunha, G. M. da. Conceitos básicos de epidemiologia e estatística para a leitura de ensaios clínicos controlados, pp. 146-151.

avaliação de intervenções para a saúde, sejam elas medicamentosas ou não. Para que isso ocorra, são necessários grupos de pacientes com características semelhantes, comparáveis, a fim de avaliar intervenções terapêuticas distintas. Esses indivíduos terão que ser alocados aleatoriamente (a isto se refere o termo randomizado), a fim de evitar manipulações de alocação e distribuir as variáveis de maneira homogênea.

São feitos da seguinte maneira: supõe-se que um novo tratamento é superior ao tratamento convencional – como no caso, a psilocibina e o escitalopram. Se o pesquisador sabe que um paciente mais grave é colocado no grupo do tratamento novo, ele pode não incluir este indivíduo no estudo, aguardando a chegada de um paciente menos grave. Se isso ocorrer, os grupos perdem a comparabilidade, já que um grupo pode ter mais pacientes graves que o outro, o que provocaria um impacto nas respostas terapêuticas. Nesse exemplo, como demonstram os autores, se o grupo do tratamento novo tiver pacientes menos graves, o resultado da eficácia terapêutica será enviesado – o tratamento teve maiores sucessos pois os pacientes eram menos graves: "Assim, o uso de uma sequência aleatória de números, obtida através de tabelas de números aleatórios ou de algoritmos computacionais, tornaria mais difícil a manipulação de alocação dos pacientes".[48]

No estudo em questão, foram escolhidos 59 pacientes com diagnóstico de Transtorno Depressivo Maior (pelo DSM-IV),[49] de longa data, de intensidade moderada a grave; 30 foram colocados no grupo tratado com psilocibina e 29 no grupo do escitalopram, ou seja, durante 6 semanas um grupo recebeu psilocibina e placebo e o outro psilocibina e escitalopram. Todos receberam tratamento psicoterápico.

Para analisar os resultados, é necessária uma escala que avalie o quadro depressivo antes e depois da intervenção medicamentosa,

---

48 *Ibid.*, *op. cit.*, p. 148.

49 Os critérios dos diagnósticos do transtorno depressivo maior pelo DSM-V serão descritos no Capítulo 3, nos fragmentos da análise de um caso de depressão.

ou seja, uma ferramenta que não considere a interpretação sugestiva do pesquisador, a fim de evitar tendências individuais. Assim, foi aplicado o *Quick Inventory of Depressive Symptomalogy Self-report*, um questionário de sintomas preenchido pelo próprio paciente. Essa escala já foi previamente validada em outros estudos, e foi aplicada antes e depois das intervenções estudadas – psilocibina *versus* escitalopram. É constituído por 16 itens, relacionados aos critérios diagnósticos do DSM-IV. Cada resposta é graduada de 0 a 4 (nenhum sintoma a sintoma grave), no intuito de identificar alterações de sono, de humor, de apetite/peso, concentração, autocrítica, ideação suicida, falta de energia, falta de prazer, agitação ou retardo psicomotor.

Os resultados obtidos nas escalas aplicadas são comparados, para verificar se as diferenças de resultados são estatisticamente significantes.

Assim, de maneira resumida, tentamos explicitar como funciona o pensamento científico médico/psiquiátrico nos dias de hoje. Ressaltamos que, para que esse sistema funcione, dois pressupostos básicos são necessários: *um sistema de classificação diagnóstica definida e específica; e o entendimento do funcionamento neuroquímico e biológico das substâncias/fármacos testados.*

Considerando que a questão sobre o funcionamento neuroquímico dos psicofármacos já foi previamente abordada, passaremos à questão do diagnóstico em psiquiatria.

O diagnóstico em psiquiatria

A classificação das doenças psiquiátricas teve início na Antiguidade e se desenvolveu rapidamente durante o século XIX com os nosologistas europeus.

De acordo com Kenneth Kendler, a classificação das doenças mentais utilizada então se assemelhava à taxonomia da biologia:

as espécies eram definidas a partir de características específicas em comum.[50]

Nos séculos XVI e XVII na Europa, os herbalistas e apotecários dissecavam e dividiam as plantas, agrupando as partes segundo um esquema determinado pela "criação divina". Por exemplo, um botânico poderia classificar uma planta de acordo com suas propriedades, como em frutíferas ou não; outro poderia classificá-las de acordo com o peso e o tamanho. Esse sistema logo mostrou-se falho e controverso, pois cada botânico considerava uma propriedade mais importante do que a outra e, já que ninguém poderia saber qual seria exatamente a "vontade de Deus",[51] era difícil determinar quem poderia saber qual a verdadeira essência de cada planta.

Após a publicação, em 1859, da *Origem das espécies* de Darwin, esse debate mudou drasticamente. Darwin argumentava que as espécies se desenvolviam por intermédio de variações e modificações acumulativas, selecionadas pelo ambiente, a fim de garantir sua sobrevivência no meio. A esse respeito, Kendler assinala: "A Evolução seria a causa e a essência das características das plantas e animais, ou seja, estes padrões teriam uma causa natural, e não divina, e que poderiam ser mais uniformemente classificados".[52]

Vários paralelos podem ser traçados entre a história da taxonomia biológica e da nosologia psiquiátrica.

No século XIX e início do século XX, conforme situa Kendler, observou-se uma proliferação de classificações psiquiátricas propostas, cada uma de um especialista diferente, semelhante ao ocorrido com a taxonomia botânica nos séculos XVI e XVII. Alguns autores – incluindo iluministas, como Pinel, Griesinger, Kahlbaum, Krafft-Ebing, Wernicke, Kraepelin e Bleuler – propuseram classificações baseadas

---

50 Kendler, K. S. An historical framework for psychiatric nosology, pp. 1935-1941.

51 *Ibid.*, p. 2, tradução nossa.

52 *Ibid.*

em experiência clínica e hipóteses sobre as características essenciais das doenças mentais. Kraepelin, por exemplo, focava no curso da doença, enquanto Bleuler considerava que diversas características da esquizofrenia eram manifestações de profundas anormalidades. Vemos, portanto, que eles enfatizavam critérios de classificação distintos. Assim como os pesquisadores botânicos, utilizando critérios de classificação das plantas completamente diferentes, os psiquiatras desenvolveram nosologias incompatíveis – vários especialistas utilizando critérios aleatórios para classificar as doenças mentais.[53]

Além desse sistema "caótico" de classificação psiquiátrica, nenhum dos critérios propostos determinava quais eram as *causas* propriamente ditas dos distúrbios mentais e se estas características todas adotadas refletiriam a *natureza essencial* das doenças – diferentemente das classificações baseadas nas descobertas de Darwin sobre a Evolução na taxonomia botânica.

Nesse cenário, Kendler destaca a publicação em 1896 do *Tratado de Psiquiatria* de Kraepelin – a classificação de Kraepelin não foi biológica, mas clínica. Kraepelin seguiu sua intuição, que se tornou decisiva nessa questão. Influenciado por sua experiência nos quadros de demência paralítica,[54] nos quais posteriormente descobriu-se ser causada por uma aracnoidite crônica sifilítica, Kraepelin partiu do pressuposto de que determinadas características clínicas poderiam indicar uma doença específica, cuja causa poderia ser posteriormente descoberta – como a descoberta posterior de que a demência paralítica era provocada por uma infecção por sífilis.

As principais doenças no sistema kraepeliniano eram a psicose maníaco-depressiva e a demência precoce. Não foram estabelecidas

---

53 *Ibid.*, p. 4, tradução nossa.

54 Uma das formas da neurossífilis: geralmente ocorre em indivíduos com sífilis não tratada, ou tratada de forma insuficiente por vários anos e que acomete o sistema nervoso central.

por razões biológicas – Kraepelin estudou os pacientes detalhadamente e observou que essas duas doenças apresentavam início dos sintomas e cursos diferentes. Enquanto a psicose maníaco-depressiva apresentava curso flutuante e não evoluía para demência, a demência precoce (mais tarde chamada de esquizofrenia), começava na adolescência e, em um curto período, evoluía para demência e institucionalização. Ele alegava que não havia possibilidade de uma evoluir para a outra. Para Szajnbok, essa foi a primeira nosografia sistemática dos transtornos mentais, concebidos então como um conjunto de sintomas cuja etiologia, biológica ou genética, deveria ainda ser descoberta.[55]

Uma classificação baseada na causa seria preferível, já que se aproximaria do restante dos diagnósticos em medicina, além de considerar o fato de que várias doenças diferentes poderiam ter sintomas semelhantes. No entanto, uma classificação dos transtornos mentais baseada na etiologia seria de difícil composição, considerando que as causas da maioria das doenças mentais eram desconhecidas. Os problemas acerca da nosologia psiquiátrica não haviam sido, assim, solucionados.

A problemática dos sistemas de classificação

Até a primeira metade do século XX, entretanto, a ciência psiquiátrica ainda não havia encontrado as causas biológicas das doenças mentais como se pretendia. Diferentemente do ocorrido com a descoberta da causa da demência paralítica – uma infecção por sífilis no sistema nervoso central – a etiologia da psicose maníaco-depressiva e da esquizofrenia, consideradas transtornos maiores, permanecia desconhecida.

A teoria psicanalítica, entretanto, elaborada por Freud no início do século XX, procurava exatamente determinar *as causas* dos transtornos mentais.

55 Szajnbok, *op. cit.*, p. 90.

Pela influência de Darwin no pensamento freudiano, a *causa* de uma determinada característica psíquica e comportamental de um indivíduo exercia um papel fundamental, ou seja, os fatores determinantes de sua evolução e que influenciaram a formação de seu psiquismo.

Darwin afirmava que a classificação dos seres vivos era até então arbitrária devido à grande variedade de diferenças individuais. Para demonstrar que o termo espécie era usado em diferentes sentidos, relatava diversos casos em que os mesmos indivíduos eram classificados pelos especialistas distintamente: enquanto um indivíduo era considerado espécie por alguns especialistas, para outros era considerado uma variedade. Isso porque o acúmulo de sutis variações durante um longo período de vida levaria ao surgimento de características bem-marcadas e diferenciadoras.

As observações de Darwin modificaram os sistemas classificatórios de maneira radical, como já mencionado. Então, por exemplo, em vez de definir as aves como animais que têm penas, podemos definir colocando todas as aves viventes em uma árvore filogenética e descer a linha de ancestralidade até chegar a um único ancestral comum. Todas as aves que descendem desse ancestral comum serão chamadas aves.

Da mesma maneira, Freud, a partir de sua experiência clínica com Charcot e com Breuer para o tratamento da histeria, ocupou-se por procurar uma causa para os quadros histéricos. A falta de uma explicação orgânica e neurológica para os fenômenos observados levaram Freud a desenvolver, a partir de *A Interpretação dos sonhos* (1900/1996), uma teoria sobre o funcionamento do aparelho psíquico à parte das teorias biológicas e anatômicas de sua época, inaugurando assim um campo de investigação separado das neurociências.[56]

A psicanálise, assim, foi difundida no pós-guerra de maneira heterogênea nos países que adotaram seus métodos e teorias. Segundo

56 A questão da ruptura de Freud com a medicina será abordada no Capítulo 2.

Szajnbok, enquanto nos países europeus, como na França e Inglaterra, a formação e a prática da psicanálise ficaram concentradas de maneira geral às suas próprias instituições, nos Estados Unidos, a psicanálise foi rapidamente apropriada pela universidade e principalmente pela parcela psiquiátrica da academia, em uma espécie de recombinação de preceitos teóricos e técnicos, ocasionando uma confusão no campo psicopatológico e terapêutico: "Todos esses fatores acabaram por conduzir tanto a psiquiatria quanto a psicanálise, notadamente nos Estados Unidos, a um emaranhado confuso de pressupostos teóricos que representava a saúde mental em meados da década de 50".[57]

Nesse contexto, uma classificação diagnóstica na psiquiatria americana começou a ser elaborada a partir da necessidade de recolher informações estatísticas acerca dos transtornos mentais.

A evolução do DSM

Desde o fim do século XIX, foram formulados diversos censos diagnósticos dos transtornos mentais. A partir desses, o Comitê de Nomenclatura e Estatística da Associação Psiquiátrica Americana (APA), desenvolveu a primeira versão do Manual Diagnóstico e Estatístico de Transtornos Mentais (DSM), publicado no início do século XX.

Christian Dunker e Fuad Kyrillos Neto fazem uma análise histórica e crítica do DSM a partir da psicanálise e dos desdobramentos no campo da psicopatologia contemporânea psiquiátrica.[58]

O DSM-I, publicado em 1918, constituía uma espécie de vocabulário de descrições clínicas baseados na visão de Adolf Meyer e com forte influência da psicanálise, com ênfase na oposição entre neurose e psicose. Ao contrário do processo de divisão dos critérios

---

57 Szajnbok, *op. cit.*, p. 90.

58 Dunker, C. I. L. & Kyrillos Neto, F. (2011). A crítica psicanalítica do DSM-IV: breve história do casamento psicopatológico entre psicanálise e psiquiatria, pp. 611-626.

diagnósticos propostos por Kraepelin, os autores observam que ele se deteve nos pressupostos da história de vida dos pacientes e tipos de reação decorrentes dessa história. Essa classificação pretendia estabelecer um consenso terminológico entre os clínicos, porém não definia uma separação entre o normal e o patológico.[59]

O DSM-II, publicado em 1952, amplia a classificação anterior, na tentativa de uniformizar os critérios semiológicos da prática diagnóstica. Também tinha como objetivo apresentar diagnósticos mais alinhados com a então oitava edição da Classificação Internacional de Doenças (CID), da Organização Mundial de Saúde (OMS) – os transtornos mentais só foram incluídos na CID a partir da sexta edição. Essa versão apresentava uma arquitetura quase similar ao DSM-I, marcada pela influência de características psicodinâmicas, incluindo uma sessão freudiana, que no DSM-II era chamada de "distúrbios psiconeuróticos".[60]

No entanto, no fim da década de 1960, observava-se uma vertiginosa evolução das pesquisas em neurociências;[61] a influência biológica na causa das doenças mentais, assim como a utilização de psicofármacos na prática clínica psiquiátrica, mudaria o rumo desse sistema de classificação. Fazia-se necessário um sistema diagnóstico mais uniforme e válido, focado em tratamento e prognóstico, dando origem ao DSM-III em 1980.

De plano basicamente descritivo, prosseguem os autores, o DSM-III surge com a introdução de novas categorias de desordens, em um novo eixo de abordagem, determinando uma intensa transformação na nosologia psiquiátrica. A partir dessa nova classificação diagnóstica dos transtornos mentais, "a psiquiatria teria disponível um sistema

59 *Ibid.*, p. 613.

60 *Ibid.*, p. 614.

61 Conforme visto anteriormente no tópico sobre psicofarmacologia.

de diagnóstico preciso do ponto de vista descritivo-terminológico e passível de servir de apoio para a pesquisa empírico experimental".[62]

Pereira assinala que a principal inovação do DSM-III foi introduzir uma lista de sintomas descritivos necessários para um diagnóstico específico. A partir dele, foram feitos inúmeros debates a respeito de quais critérios deveriam ser escolhidos para cada doença – e os pacientes deveriam simplesmente se encaixar em cada diagnóstico, no intuito de guiar a prescrição de psicofármacos. Por outro lado, esse sistema de classificação diagnóstica, agora baseado na influência biológica dos distúrbios mentais sustentada pela ação das medicações psicotrópicas, recolocava a psiquiatria em um plano propriamente científico ao lado das demais especialidades médicas: "A partir do DSM-III, a psiquiatria pôde ser descrita como prática clínica centrada na identificação do transtorno mental a ser combatido por meios médicos. Essa é a característica mais marcante da racionalidade psiquiátrica contemporânea".[63]

Assim, o entendimento psicodinâmico das doenças foi substituído por um molde meramente descritivo; a proposta era uma base de categorização em inglês descritivo, em vez de suposições de etiologia, e que por isso foi chamada por muitos autores de "neokraepelinismo". A principal controvérsia desse sistema foi a abolição do conceito de "neurose".

A partir de então, o DSM tornou-se praticamente uma "fábrica de diagnósticos". Para exemplificar, a primeira edição do DSM descrevia 106 transtornos mentais; no DSM-II já foram descritos 186; o DSM-III, por sua vez, contava com não menos que 265 transtornos; o DSM-IV com 297 e, finalmente, o DSM-V alcançou a marca de mais de 300 transtornos apresentados. E quanto ao termo "fábrica de

---

62 *Ibid.*, p. 616.

63 Pereira, M. E. C. (2017). Freud, o sujeito da psicopatologia e o futuro da psiquiatria, p. 171.

diagnósticos", consideramos não apenas o crescente número de diagnósticos, mas o impacto financeiro envolvido. Segundo uma publicação de uma revista digital sobre ciência e cultura (Ciência e Cultura, volume 65, número 4) em 2013, o DSM-V custava nos Estados Unidos U$ 199, muito mais que as versões anteriores de U$ 25 (DSM-III) e U$ 65 (DSM-IV), o que demonstra uma influência cada vez maior do sistema mercantilista na formulação desses manuais.

O DSM-IV, por sua vez, representou a "dissolução da psicopatologia".[64] Para Dunker e Kyrillos Neto, a partir da inclusão de critérios de relevância apenas clínica em cerca de metade das categorias diagnósticas, rompeu-se a tradição que reinava desde Pinel – em que as formas de sofrimento humano eram acompanhadas de uma fundamentação ou crítica filosófica: "As implicações filosóficas, éticas e epistemológicas do DSM, não são assumidas explicitamente e o centro da problemática é deslocado para o campo genérico da fundamentação das ciências biológicas".[65]

Por fim, chegamos ao DSM-V. Oficialmente publicado em 18 de maio de 2013, é a mais recente edição do Manual Diagnóstico e Estatístico de Transtornos Mentais. Foi resultado de um processo de doze anos de estudos, revisões e pesquisas de campo realizadas por centenas de profissionais divididos em diversas equipes de trabalho.

Na tentativa de explicarmos mais detalhadamente tais mudanças, utilizaremos como exemplo o capítulo sobre os Transtornos Depressivos. Esse capítulo ganhou novos diagnósticos, o que claramente levou a uma discussão sobre a "patologização" de reações normais.

Dentre esses novos diagnósticos, encontram-se o *transtorno disruptivo de desregularização do humor* (caracterizado por um temperamento explosivo com graves e recorrentes manifestações verbais ou físicas de agressividade desproporcionais, em intensidade ou duração

---

64 Dunker e Kyrillos Neto, *op. cit.*, p. 617.

65 *Ibid.*

à situação ou provocação) e *transtorno disfórico pré-menstrual.* Os diagnósticos de depressão crônica e distimia[66] foram modificados e passaram a formar o *transtorno depressivo persistente.* Os sintomas centrais do *transtorno depressivo importante*[67] *(maior)* foram mantidos, aceitando agora especificadores, como "com características mistas" e "com ansiedade".

Um dos pontos de maior polêmica, no que diz respeito aos quadros depressivos, foi a retirada do luto como critério de exclusão do *transtorno depressivo maior.* Isso significa que é possível aplicar esse diagnóstico mesmo àqueles que passaram pela perda de um ente querido há menos de dois anos.

Esse exemplo demonstra apenas uma pequena parte das mudanças ocorridas nesse novo manual. Imaginem se considerarmos os capítulos dos transtornos psicóticos, transtorno bipolar, transtornos de ansiedade, transtorno obsessivo-compulsivo, transtornos dissociativos, transtornos do neurodesenvolvimento.

Não seria difícil prever a quantidade de críticas que apareceriam a partir de sua publicação.

Segundo Pereira, as oposições e as críticas contra esses sistemas de classificação diagnóstica dos transtornos mentais, "a psiquiatria dos DSM", surgiram no interior da própria disciplina. Tomas Insel, presidente do *National Institute of Mental Health* (NIMH) dos Estados Unidos, às vésperas da publicação do DSM-V, escreve um post no *National Institute of Mental Healthy Director's Blog* criticando o diagnóstico baseado em sintomas, alegando que apenas a descrição dos sintomas dificilmente seria capaz de indicar a melhor terapêutica

66 Essa categoria diagnóstica psiquiátrica será discutida no Capítulo 3, nos fragmentos da análise de um caso de melancolia.

67 Essa categoria diagnóstica psiquiátrica será discutida no Capítulo 3, nos fragmentos da análise de um caso de depressão.

a ser instituída.[68] Segundo Insel, as categorias diagnósticas psiquiátricas deveriam ser pautadas em medidas laboratoriais objetivas e marcadores biológicos, como ocorre com o restante da medicina, e não em um conjunto de sintomas clínicos descritivos, que não teriam validade científica alguma.[69]

Da mesma forma, Allen Frances, chefe da equipe que elaborou o DSM-IV, ressaltava as dificuldades inerentes ao DSM-V, como diversas patologias mal formuladas, pouco claras e inconsistentes, bem como o aumento da lista de diagnósticos, que já era excessiva nas versões anteriores, com certas indefinições e critérios pouco coerentes.

Assim, expusemos como a psiquiatria contemporânea acabou restringindo suas entidades mórbidas – os transtornos mentais – a um contexto especificamente nosográfico e classificatório, a partir de descrições de conjuntos de sintomas, "colocando de forma perigosa em suspenso as dimensões propriamente nosológicas e psicopatológicas",[70] acrescenta Pereira. Por outro lado, essa efetividade prática centrada no diagnóstico permitiu a ampliação das pesquisas empírico-experimentais psiquiátricas sem a necessidade de uma delimitação biológica do transtorno mental.

Por fim, a expansão da prática psiquiátrica embasada apenas por um sistema classificatório diagnóstico pôde ocorrer *à parte* da problematização da incidência especificamente humana e subjetiva das doenças mentais, colocadas até então a cargo desta especialidade, culminando em um distanciamento cada vez maior entre a psiquiatria contemporânea e as outras áreas que estudam as causas do sofrimento humano.

---

68 Pereira, *op. cit.*, p. 173.

69 Insel resgata os preceitos localizacionistas e deterministas da psiquiatria biológica, iniciada no começo do século XIX, seguida pelos estudos de Charcot e consolidada no século XX com Kraepelin.

70 *Ibid.*

Vimos a importância da psicofarmacologia para a psiquiatria. O desenvolvimento de teorias biológicas que explicavam as causas dos transtornos mentais foi possível apenas por meio das observações do impacto do uso das medicações psicotrópicas no organismo humano, recolocando a psiquiatria ao lado das outras especialidades médicas. Além disso, o sistema de classificação diagnóstica utilizado pela psiquiatria contemporânea – uma grande lista de sintomas – foi formulado visando principalmente a utilização dos psicofármacos, sua grande ferramenta terapêutica. Por outro lado, esse sistema de categorização diagnóstica acabou afastando a psiquiatria das demais áreas que se ocupam de estudar o sofrimento psíquico, como a psicanálise.

No intuito de continuarmos na proposta do presente estudo, apresentadas a psicofarmacologia e a psiquiatria, assim como a relação entre ambas, entendemos que estabelecer uma articulação possível entre a psicofarmacologia e a psicanálise passa primeiramente pela necessidade de estabelecer uma relação entre as neurociências e a psicanálise, considerando que, como vimos em nossa breve apresentação da psicofarmacologia, o desenvolvimento e a utilização dos psicofármacos na prática clínica estão completamente assentados nos desdobramentos das pesquisas nas áreas da neurofisiologia e da neuroquímica.

2. Psicanálise e neurociências

Se considerarmos que sem o espírito não podem fazer-se perguntas e que nunca existiu qualquer demonstração sólida de um espírito sem um corpo, a importância do assunto aqui abordado não necessita de defesa.

Edelman, 1992

Na Conferência Inaugural do II Encontro Bienal da Sociedade Brasileira de Psicanálise de São Paulo, realizado em agosto de 1994, André Green inicia seu discurso sobre a relação entre a neurobiologia e a psicanálise alegando que a atribuição frequente do papel biologizante de Freud apenas como o resultado de seus anos de laboratório antes da descoberta da metapsicologia seria um erro. Na verdade, ressalta ele, "o pensamento biológico nunca abandonou Freud",[1] atestando tal afirmação com um trecho encontrado logo no início do *Compêndio de psicanálise*:

> *Daquilo que chamamos de nossa psique (vida psíquica), conhecemos duas coisas: em primeiro lugar, o órgão físico*

1 Green, A. (1995). Neurobiologia e psicanálise, pp. 15.

> *e cenário dela, o cérebro (sistema nervoso); por outro lado, nossos atos de consciência, que são dados imediatamente e não nos podem ser esclarecidos por nenhuma descrição. Tudo o que está entre os dois nos é desconhecido; não há uma relação direta entre os dois pontos terminais de nosso conhecimento. Se ela existisse, no máximo forneceria uma localização exata dos processos da consciência e nada faria por sua compreensão.*[2]

Para Green, essa frase não é retirada de seu *Projeto* de 1895, escrito por um Freud ainda neurologista, antes da descoberta da psicanálise, "mas suas últimas palavras, seu testamento".[3] Essa afirmação demonstra claramente que o fundador da psicanálise jamais desconsiderou a importância do biológico até o fim de sua obra, reforçando o papel que o físico e o químico teriam na constituição e funcionamento do sujeito.

Freud não oscilou na necessidade de considerar a influência por parte da biologia nos processos mentais, porém, em contrapartida, nunca fez nenhuma concessão a esta ciência: "ele nunca pensou, no estado dos conhecimentos de seu tempo, que uma aplicação da biologia pudesse esclarecer todas as coisas".[4] Ele precisaria construir uma nova teoria para esclarecer os fenômenos observados em sua clínica; desta maneira, a psicanálise nasce da ruptura de Freud com a medicina.

---

2 Freud, S. (1940 [1938]/1996). Esboço de psicanálise, pp. 157. O *Compêndio da psicanálise* foi iniciado em julho de 1938 e ficou incompleto. O trabalho se interrompe na Parte III sem indicações quanto à extensão ou à direção em que se pretendia continuá-lo. Ernest Jones, biógrafo oficial de Freud, assegura que a redação do *Compêndio de psicanálise* foi iniciada durante o período de espera em Viena – abril ou maio de 1938 – e abandonada, ainda incompleta, depois de 63 páginas, em setembro, na Inglaterra. É considerado um "verdadeiro legado para a posteridade".

3 Green, *op. cit.*, p. 15.

4 Green, *op. cit.*, p. 17.

Entretanto, apesar desse rompimento de Freud com as teorias neurocientíficas de sua época, podemos encontrar a influência de seus anos de estudos na neurologia e na psiquiatria posteriormente, ao longo de toda sua obra metapsicológica. Nas suas publicações pré-psicanalíticas, desde seus estudos *Sobre a concepção das afasias* (1891), passando pelos seus *Estudos sobre a histeria* (1893-1895/1996) até o seu *Projeto para uma psicologia científica*[5] (1895), são encontrados inúmeros embriões das teorias que seriam desenvolvidas posteriormente ao longo de sua obra.

Publicações pré-psicanalíticas: embriões da metapsicologia

Consideramos evidente o fato de que a trajetória neurológica de Freud tenha sido a precursora de sua obra psicanalítica – seus estudos por mais de uma década dedicados à neuroanatomia e à neurofisiologia foram as bases para a elaboração da sua metapsicologia.

Sua atração pelas teorias de Darwin, que "ofereciam esperanças de extraordinário progresso em nossa compreensão do mundo",[6] assim como sua paixão por Goethe, em especial por sua *Ode à Natureza*, levaram-no a seguir a carreira médica após a conclusão de seus estudos escolares.

Durante seus primeiros anos na universidade, experimentou "desapontamentos consideráveis",[7] inclusive a descoberta de que as peculiaridades e limitações de seus dons não lhe permitiriam o sucesso desejado no campo da ciência, nos moldes positivistas da época.

---

5 Segundo Green, o *Projeto* é o grande escrito econômico de Freud. A proposta do projeto é "representar os processos psíquicos como os estados quantitativamente determinados de partículas materiais diferenciáveis, a fim de torná-las evidentes e não contraditórias" (Green, 2010, p. 117).

6 Freud, S. (1925 [1924]/1996). Um estudo autobiográfico, p. 16.

7 *Ibid.*

Chega a admitir, em seu *Estudo autobiográfico*, publicado em 1925, que "Os vários ramos da medicina propriamente dita, afora a psiquiatria, não exerciam qualquer atração sobre mim".[8]

Foi, entretanto, no laboratório de Ernst Brücke, seu estimado professor de fisiologia, que encontrou "tranquilidade e satisfação plena":[9] realizou diversas pesquisas na área de histologia do sistema nervoso e nelas continuou, inclusive após sua graduação. Sua experiência como assistente clínico em vários departamentos no Hospital Geral, em especial sob a orientação de Theodor Meynert – professor de psiquiatria – contribuíram para que desenvolvesse uma inclinação para concentrar seus estudos e interesses em um único assunto: o sistema nervoso.

Nos anos seguintes, dedicou-se aos estudos das doenças nervosas, publicando diversas observações clínicas sobre doenças orgânicas do sistema nervoso.

Seu percurso acaba por tomar novas direções em 1885, quando vai estagiar com o neuropatologista e cientista Jean-Martin Charcot, que então pesquisava a histeria, no Hospital Salpêtrière. Para Charcot, o instinto sexual reprimido poderia ter relação com os sintomas da histeria. Nessa época, Freud desejava estabelecer que, na histeria, as paralisias e anestesias não tinham conformidade com os fatos anatômicos; entretanto, com relação a Charcot, "ele concordou com esse ponto de vista, mas foi fácil ver que na realidade não teve qualquer interesse especial em penetrar mais profundamente na psicologia das neuroses".[10]

De volta à Viena, os estudos dos fenômenos da afasia (1891) o deixam intrigado, especialmente o fato de que algumas expressões estereotipadas e aparentemente sem sentido algum, que consistiam

---

8 Freud, 1925[1924]/1996, p. 17.

9 Freud, 1925[1924]/1996, p. 18.

10 Freud, 1925[1924]/1996, p. 21.

no último resíduo de fala do paciente, encontravam-se próximas ao acidente cerebral que ele irá considerar como uma "fixação traumática": encontra-se aí a repetição de uma concepção ou ideia que irá, por sua vez, estabelecer-se com importância crucial na teoria das neuroses. Freud também observa que muitos sintomas das afasias – como os erros verbais – vinham de associações verbais: as palavras de som ou sentido semelhantes substituíam a palavra em questão ou, em outras situações, originavam-se de associações particulares construídas no passado do paciente. Jassanan Amoroso Dias Pastore cita a esse respeito:

> *E ressalta, ainda, que as parafasias só poderiam ser compreendidas se levássemos em conta mais a natureza das palavras e suas associações, o universo da linguagem e do sentido do que a anatomia ou a fisiologia do cérebro, pois as manifestações afásicas não se reduziriam a depósitos estáticos de imagens ou palavras alojadas nas células de um "centro", mas funcionavam como "campos corticais" – áreas amplas do córtex, dotadas de uma multiplicidade de funções, que facilitariam ou inibiriam umas às outras, mecanismo que ela irá chamar de "barreira de contato".*[11]

A partir desse ponto, sua visão sobre a histeria passa a ser direcionada para uma ideia dinâmica do funcionamento psíquico, em vez da ideia de um centro anatômico ou lesão específica.

Seu estudo sobre as afasias já indicava o início de uma ruptura com a medicina da época. Sua oposição às doutrinas localizacionistas pode ser observada mais claramente em uma carta enviada em 2 de maio de 1891 ao seu confidente Wilhelm Fliess, na qual comenta

---

11 Na apresentação do livro *Da neurologia à psicanálise: desenhos neurológicos e diagramas da mente por Sigmund Freud*, p. 13. A obra em questão aborda a passagem da trajetória neurológica de Freud para a construção de sua metapsicologia.

a respeito desse estudo: "Nele, sou muito despudorado, terço armas com seu amigo Wernicke, com Lichtheim e Grashey, e chego até arranhar o poderosíssimo ídolo Meynert".[12]

Logo no início de *Sobre a concepção das afasias: um estudo crítico* (1891/2020), dedicado a Josef Breuer, Freud estabelece suas duas suposições principais. A primeira teria como conteúdo a diferenciação das afasias provocadas pela destruição dos centros corticais daquelas provocadas pelas vias de condução. A segunda consistia em uma crítica à doutrina localizacionista da afasia de Wernick: para Freud, não seria apropriado delimitar, no tecido cortical, centros distintos de linguagem, um sensório (área de Wernicke) e outro motor (área de Broca), mas sim tratar o córtex todo como um grande campo de linguagem. Nesse estudo, Freud rejeitou o modelo anatomopatológico de explicação do funcionamento da linguagem proposto por Wernicke, enfatizando a dinâmica associativa simbólica subjacente a ele.

Segundo Pedro Heliodoro Tavares, apesar de ser considerado um escrito neurológico, em *Sobre a concepção das afasias* podem ser encontrados diversos embriões que germinariam ao longo de toda a teoria metapsicológica de Freud. Para exemplificar, existem diversas relações entre esse estudo de 1891 e seu *Compêndio de psicanálise* de 1938: no primeiro texto, a origem do conceito de *associação* será posteriormente utilizada para nomear o método clínico da *livre associação* de ideias; a transferência (*Übertragung*) dos impulsos será posteriormente ressignificada para tratar da relação substitutiva estabelecida entre o analisante perante o analista; as expressões utilizadas por Freud nos seus textos metapsicológicos para distinguir dois tipos de representação, a representação de palavra e a representação

12 Pedro Heliodoro Tavares reproduz o trecho dessa carta na apresentação de *Sobre a concepção das afasias: um estudo crítico*, p. 8.

de objeto (*Wortvorstellungen* e *Objektvorstellung*), já apareciam de modo inaugural em *Sobre a concepção das afasias.*[13]

O autor também reforça que o período em que Freud escreve sobre as afasias, encerra em certo aspecto a passagem de um "parricídio simbólico",[14] relativo a Meynert - seu professor e mentor na universidade - e ao que esta personalidade representava junto à medicina anatomofisiológica de sua época, para o início de uma "filiação intelectual", uma maior identificação com as ideias de Charcot e suas observações dos fenômenos da histeria.

Assim, seu crescente interesse pelos estudos da histeria levam Freud a acompanhar Breuer e seu novo método de tratamento. Entre 1880 e 1882, Breuer havia descrito um caso de histeria que havia tratado de maneira peculiar, o qual poderia permitir a entrada no significado dos sintomas histéricos - ele levava a paciente a uma hipnose profunda, e fazia-a dizer o que lhe oprimia a mente. Em seu estado de vigília, a paciente não conseguia descrever ao certo como seus sintomas haviam começado, nem estabelecer qualquer relação entre eles e sua história de vida; entretanto, na hipnose, "ela de pronto descobria a ligação que faltava".[15]

Enfatizando a distinção entre os atos mentais conscientes e inconscientes, e a importância etiológica da vida sexual nas neuroses, em parceria com Breuer, escreve *Estudos sobre a histeria*; nesse trabalho, introduz um fator dinâmico, supondo que o sintoma surge como resultante do represamento de um afeto e um fator econômico, considerando o sintoma como consequência da transformação de uma quantidade de energia que de outra maneira poderia ser utilizada de outra forma, fenômeno descrito como *conversão*.

---

13 Tavares, *op. cit.*, p. 10. Trecho retirado da apresentação de *Sobre a concepção das afasias.*

14 Tavares, *op. cit.*, p. 9. Trecho retirado da apresentação de *Sobre a concepção das afasias.*

15 Freud, 1925[1924]/1996, p. 27.

Nesse contexto é redigido o *Projeto para uma psicologia científica* (1895). Em seu artigo Do "Projeto" à "Interpretação dos Sonhos": ruptura e fechamento (2010),[16] Green considera que a passagem do pensamento neurofisiológico de Freud acerca do aparelho psíquico para uma visão metapsicológica – como o próprio título do artigo sugere – ocorre na transição entre o *Projeto* e *A Interpretação dos Sonhos.*

O *Projeto*, apesar de ser um documento manifestamente neurológico, contém em si o núcleo de grande parte das teorias metapsicológicas que seriam desenvolvidas mais tarde, esclarecendo algumas hipóteses fundamentais mais enigmáticas de Freud. Conforme declara Strachey em seu prefácio: "Mas, na realidade, o *Projeto*, ou melhor, seu espírito invisível, paira sobre toda a série de obras técnicas de Freud até o fim".[17]

Mais notavelmente nas primeiras partes de *Além do princípio do prazer* (1920), ao introduzir o conceito de pulsão de morte, Freud se aproxima de maneira significativa do seu projeto neurofisiológico escrito 25 anos antes, em 1895.[18]

Na primeira parte desse texto, Freud relaciona o prazer e o desprazer à quantidade de excitação presente na mente, mas que não se encontra de maneira alguma vinculada: o desprazer corresponde a um aumento na quantidade de excitação, e o prazer, a uma

---

16 Green, A. (2010). Do "projeto" à "interpretação dos sonhos": ruptura e fechamento, pp. 111-133.

17 Freud, S. (1950 [1895]/1996). Projeto para uma psicologia científica, p. 343. O *Projeto*, uma obra inacabada de Freud escrita em 1895, foi encontrado apenas cerca de 50 anos mais tarde, no meio das cartas esquecidas que Freud escreveu a Fliess. Segundo Ernest Jones, o material foi adquirido pela Princesa Marie Bonaparte, que inclusive resistiu ao pedido de seu mestre e autor dos documentos de destruí-los.

18 Nessa Conferência citada no início deste capítulo, Green inclusive chega a pontuar: "Creio haver talvez, um único exemplo em sua obra em que ele se volta para a biologia, mas no qual se vê rapidamente tratar-se de uma espécie de metabiologia – e essa obra não é qualquer uma, pois estamos falando de *Além do princípio do prazer*" (Green, 1995, p. 17).

diminuição. A dominância do princípio de prazer na vida psíquica deriva da hipótese de que o aparelho mental se esforça por manter a quantidade de excitação nele presente tão baixa quanto possível ou constante. Dessa maneira, se o trabalho do aparelho mental tem como finalidade manter a quantidade de excitação baixa, então qualquer coisa que seja calculada para aumentar esta quantidade será sentida como adversa ao funcionamento do aparelho, ou seja, será desagradável: "o princípio do prazer deriva do princípio de constância; na realidade, esse último princípio foi inferido dos fatos que nos forçaram a adotar o princípio de prazer".[19]

O princípio de constância é extensamente estudado no começo do *Projeto*, sob o nome de inércia neuronal, como veremos a seguir.

O princípio da inércia explica, primeiramente, a dicotomia estrutural dos neurônios em motores e sensoriais, como um dispositivo para neutralizar a quantidade de energia recebida, por meio de sua descarga, que pode ser compreendida por um movimento reflexo – em que a origem da ação fornece o motivo para o movimento reflexo. Um sistema nervoso primário se vale dessa quantidade de estímulo intracelular para descarregá-la nos mecanismos musculares pela via correspondente, para manter-se livre do estímulo. Essa descarga representa a função primária do sistema. A essa função soma-se outra, a função secundária, na qual o aparelho procura conservar as vias de descarga que vão lhe permitir um afastamento das fontes de excitação. Existiriam, assim, duas funções envolvidas: a de livrar-se de toda a excitação, e uma outra, a de fugir do estímulo.

No entanto, o princípio da inércia pode sofrer uma ruptura por outra *circunstância*: à medida que aumenta a complexidade interior do organismo, o sistema nervoso recebe estímulos do próprio elemento somático – os estímulos endógenos – que deverão ser também

19 Freud, S. (1920/1996). Além do princípio do prazer, p. 19.

descarregados. Esses estímulos se originam nas células do corpo e criam as grandes necessidades, como respiração e sexualidade.

Deles, por sua vez, o organismo não pode fugir. Eles apenas cessam mediante certas condições, que devem ser realizadas no mundo externo, como a alimentação. Para que essa ação seja realizada, requer-se um esforço independente dessa quantidade de energia, já que geralmente o esforço para realizá-la é maior que a energia produzida, endógena. O sistema nervoso é obrigado a abandonar o princípio da inércia e tolerar um certo acúmulo de quantidade de energia, "em prol das exigências da vida".[20] Mesmo assim, procura manter essa quantidade no nível mais baixo possível e, de preferência, mantê-la constante.

Nesse ponto, Freud não propõe de início um princípio de constância como manutenção de uma certa quantidade de energia; apenas um princípio de inércia neuronal. Como vimos, apenas em 1920, em *Além do princípio do prazer*, o princípio de constância é apresentado como o fundamento econômico do princípio de prazer. Suas definições propostas, entretanto, contêm um equívoco: a tendência para a redução absoluta e a tendência para a constância são consideradas equivalentes. Nesse sentido, de acordo com Laplanche e Pontalis, a tendência para zero, sob o nome de princípio de Nirvana, é considerada essencial para o conceito de princípio do prazer.[21] O termo "Nirvana" é tirado da religião budista, e difundido no Ocidente por Schopenhauer, o qual se refere à abolição do desejo humano – um aniquilamento da individualidade que se funde na alma coletiva, um estado de quietude e de felicidade perfeitas, no qual não existe sofrimento. O princípio de Nirvana é proposto por Freud para designar a tendência do aparelho psíquico para levar a zero, ou pelo menos para reduzir o máximo possível nele, qualquer quantidade de excitação

20 Freud, 1895/1996, p. 349.

21 Laplanche, J. & Pontalis, J-B. (1982/2001). *Vocabulário de psicanálise*, p. 358.

externa ou interna. Nesse sentido, Freud encontra uma correspondência com a noção de pulsão de morte.

A partir dessa concepção – do princípio de constância – Freud introduz ao nível das pulsões um "dualismo fundamental e irredutível":[22] as pulsões de morte, que tendem para uma redução absoluta das tensões, e as pulsões de vida, que almejam, pelo contrário, manter e originar unidades de vida que supõem um elevado nível de tensão.

A grande importância da formulação do princípio de inércia está ligada à própria *descoberta do inconsciente*; "o que Freud traduz em termos de livre circulação de energia nos neurônios não é mais do que a transposição da sua experiência clínica: a livre circulação do que caracteriza o processo primário".[23] Ou seja, essa livre circulação de energia corresponderia, basicamente, aos processos de deslocamento e condensação, mecanismos responsáveis pela deformação onírica, que levariam Freud a formular sua primeira tópica: um continente consciente e um continente inconsciente.

A consciência e o inconsciente

Neste ponto talvez se encontre uma das origens dos problemas postos entre as neurociências e a psicanálise, visto que as possíveis questões acerca da ausência do biológico na metapsicologia já foram anteriormente refutadas. Segundo Green, na mesma Conferência citada no início deste capítulo, os neurobiologistas se interessam pelas relações entre o cérebro e a consciência, porém não se interessam de modo algum pelo inconsciente: "Quer dizer, existe de fato uma recusa do conceito de inconsciente tal como nós, psicanalistas, o concebemos".[24] Para eles, o inconsciente existe, mas é o inconsciente no sentido do

---

22 *Ibid.*, p. 360.

23 *Ibid.*, p. 363.

24 Green, 1995, p. 16.

que não é consciente para a biologia; entender o inconsciente como estruturante do psiquismo – correspondendo à maior parte dele – é uma especulação difícil, já que não pode ser compreendido de maneira material ou verificável de modo experimental.

Inclusive, segundo Strachey, foi exatamente a dificuldade em estabelecer uma teoria acerca da *consciência* baseada nos pressupostos biológicos de sua época que levou Freud a se afastar de todo esse arcabouço neurológico: "E, afinal, não se deve esquecer de que o próprio Freud terminou por abandonar toda a estrutura neurológica. Não é difícil adivinhar o motivo. Pois ele descobriu que sua maquinaria neurônica não dispunha de meios para explicar o que, em *O ego e o id* (1923/1996), ele descreveu como, 'em última análise, nosso último facho de luz nas trevas da psicologia profunda' – isto é, '*a faculdade de estar consciente ou não*'". E conclui, por fim: "O *Projeto* deve continuar sendo o que é: uma obra inacabada, renegada por seu criador".[25]

Somente a partir de *A interpretação dos sonhos* (1900/1996), com base no conhecimento da dinâmica da elaboração onírica, Freud poderia criar sua primeira tópica – consciente, inconsciente e pré-consciente. Para Leopoldo Nosek, os sonhos e suas revelações apontam para o inconsciente e serão o paradigma do funcionamento mental e organizador desse espaço psíquico. O modelo onírico se estenderia para o sintoma, que corresponderia ao início dessa busca. De uma ciência médica terapêutica objetiva passa-se para a ciência do subjetivo.[26]

Na tentativa de discutirmos esse impasse – consciente biológico e consciente psicanalítico –, tomaremos como base as teorias elaboradas

25 Strachey, 1969. Prefácio do editor. *In*: S. Freud (1950 [1895]/1996). Projeto para uma Psicologia científica. Tradução de Jayme Salomão. *Edição Standard Brasileira das Obras Completas de Sigmund Freud* (Vol. I, p. 345). Imago, grifo nosso.

26 Nosek, L. (1995). A apreensão teórica da realidade psíquica: a metapsicologia freudiana, p. 286.

por Gerard. M. Edelman,[27] assim como Green o fez, descritas no livro *Biologia da consciência.*[28]

Primeiramente, Edelman define a consciência considerando algumas de suas propriedades: é pessoal (quem a possui são indivíduos ou "eus"); sofre modificações, sendo no entanto contínua; lida com objetos independentes de si própria e é seletiva no tempo, ou seja, não esgota todos os aspectos dos objetos com os quais lida; possui intencionalidade, porém ela não é uma simples cópia da experiência (um "espelho da realidade") – alguns tipos de aprendizagem, de processos conceituais, e mesmo algumas formas de indução ocorrem mesmo sem uma intenção.[29]

Edelman estabelece também uma distinção fundamental entre dois tipos de consciência: a consciência primária e a consciência elaborada. A consciência primária está vinculada à posse do que ele denomina de "imaginário", ou seja, sensações simples e experiências perceptivas – é o estado em que nos encontramos mentalmente cientes das coisas que se passam no mundo, em que temos imagens mentais no presente (este estado não é acompanhado por qualquer sentido de uma pessoa com passado e com futuro). A consciência elaborada envolve o reconhecimento por um sujeito pensante, por

27 Médico e biólogo molecular norte-americano, Edelman recebeu o Nobel de Medicina ou Fisiologia em 1972 por suas pesquisas sobre a estrutura e a natureza química dos anticorpos.

28 Edelman, G. M. (1992). *Biologia da consciência – As raízes do pensamento*. Publicado com o título original de *Bright Air, Brilliant Fire*: on *the matter of the mind.* Nesse livro, Edelman descreve uma teoria biológica sobre a consciência, levando em consideração os inúmeros avanços das teorias neurocientíficas.

29 Edelman explica essa questão com um exemplo bem ilustrativo: "Não pense num elefante. Claro que pensou, e eu também. Mas onde é que está o elefante? No seu espírito, e não certamente na sala onde se encontra, pelo menos para a maioria das pessoas que leem este livro. Para *não* pensar nele, tivemos de saber o que ele era, tivemos de nos lembrar dele e até, em alguns casos, construir uma imagem dele. Acima de tudo, tivemos de conhecer esta linguagem e a maneira de compreender este jogo de palavras" (Edelman, 1992, p. 17).

seus próprios atos ou afetos, representando um modelo do que é pessoal e do passado e futuro, como presente, incluindo, assim, *a autoconsciência e a linguagem*: "É aquilo que como seres humanos possuímos para além da consciência primária. Estamos conscientes de sermos conscientes".[30]

No intuito de analisar a consciência no campo do biológico, Edelman estabelece três pressupostos, considerados os alicerces de sua teoria: um pressuposto físico, um pressuposto evolutivo e um pressuposto dos *qualia*, que ele considera o mais complicado.

O pressuposto físico é que as leis da física não são violadas: Edelman utiliza a teoria do campo quântico para descrever um conjunto de propriedades formais da matéria e da energia em todas as escalas.[31]

O pressuposto evolutivo também é mais direto: segundo ele, a consciência surgiu como propriedade fenotípica em determinada altura da evolução das espécies – antes disso não existia. Isso implica que a aquisição da consciência conferiu diretamente a capacidade de adaptação evolutiva aos indivíduos que a possuem ou forneceu a base para outros traços que aumentam a capacidade de adaptação.

O pressuposto dos *qualia*, o mais difícil de ser abordado, se refere às propriedades fenomenais ou sentidas. Os *qualia* são um conjunto de experiências, sentimentos e sensações pessoais ou subjetivas que acompanham o estar consciente – são estados fenomenais, ou seja, "como as coisas nos aparecem" enquanto seres humanos. A cena fenomenal é frequentemente acompanhada por sentimentos ou emoções; a sequência real desses estados é altamente individual, repousando sobre uma série de momentos da história pessoal própria de cada um ou da sua experiência imediata. Para Edelman, nesse aspecto repousa a dificuldade metodológica do método científico – os *qualia*

30 *Ibid.*, p. 164.

31 Edelman descreve escalas da natureza conforme foram estabelecidas pela física, tanto na biologia quanto na química – desde átomos, macromoléculas, células, seres humanos...

só podem ser experimentados diretamente por indivíduos isolados: "Não podemos construir uma psicologia fenomenal que possa ser partilhada da mesma forma que uma física".[32]

Um indivíduo pode transmitir a sua experiência a um outro observador, mas essa mensagem será sempre necessariamente parcial, imprecisa e relativa ao seu contexto pessoal. Essa experiência pode ser alterada de forma imprevisível, considerando que muitos processos conscientes e inconscientes afetam simultaneamente a experiência subjetiva vivida por cada um. Por esse motivo, Edelman reforça a dificuldade da construção de uma teoria científica biológica acerca da consciência:

> *O paradoxo é pungente: para fazer física, utilizo a minha vida consciente, as minhas percepções e os meus* qualia. *Porém, na minha comunicação intersubjetiva deixo-os fora da minha descrição, seguro de que outros observadores também eles com as suas vidas individuais conscientes, poderão levar a efeito as manipulações necessárias para atingir resultados experimentais comparáveis. Quando por qualquer razão os* qualia *influenciam as interpretações, o projeto experimental é modificado de maneira a excluir os efeitos dessa influência; o espírito é retirado da natureza.*[33]

Nesse pressuposto dos *qualia* inclusive se estabelece a distinção entre a consciência primária e a consciência elaborada. A consciência primária pode ser constituída por experiências fenomenais, como as imagens mentais, mas está limitada a um certo tempo em torno de um presente mensurável, está isenta de conceitos de eu,[34] de passado

---

32 Edelman, *op. cit.*, p. 167, grifo do original.

33 *Ibid.*, p. 168.

34 Na verdade – de acordo com John Searle, ao analisar a obra de Edelman em *O mistério da consciência* (1997/1998) –, na consciência primária o cérebro já

e de futuro e se encontra para além de um registro descritivo individual direto a partir do seu ponto de vista. Já a consciência elaborada, desenvolvida a partir de processos previamente conscientes – isto é, que já possuem consciência primária – baseia-se na existência de um ser humano com capacidade de apreensão direta das coisas, com uma linguagem e uma vida subjetiva comunicável. Assim, a consciência elaborada evolui quando o indivíduo é capaz não só de sentir e perceber, mas também de simbolizar a distinção do "eu-não-eu", isto é, possuir uma concepção do eu. Esse conceito só pode surgir por intermédio da interação social. Edelman acredita que tal desenvolvimento, no final, possibilita um maior avanço na área da sintaxe e da semântica, o que envolve a capacidade de simbolizar as relações do passado, presente e futuro: "os seres que apenas possuem consciência primária não estão em condições de construir teorias da consciência – mesmo teorias erradas!".[35]

De maneira resumida e partindo desses três pressupostos mencionados, de acordo com Edelman, as condições necessárias para se obter consciência são as seguintes: o cérebro deve ter sistemas para categorização,[36] deve ter memória,[37] bem como um sistema de aprendizagem, que envolva a capacidade *valorativa.* O cérebro deve

precisa da habilidade para discriminar o eu do não eu, de discriminar o organismo do qual faz parte diferenciando-o do resto do mundo. Por exemplo, o cérebro registra nossos estados internos, como sentir fome, o que é diferente de registrar objetos ao nosso redor pelo sistema visual. Sentir fome é parte do eu; um objeto visto no mundo exterior é parte do não eu. Entretanto, não se trata ainda de autoconsciência, considerando que ela só poderia ser feita a partir de um conceito claro do eu.

35 Edelman, *op. cit.*, p. 171.

36 O cérebro deve desenvolver categorias perceptivas partindo de formas, cores e movimentos e, no final, incluir objetos – elefante, casa, carro – devendo, com isso, ser capaz de abstrair conceitos gerais.

37 Para Edelman, a memória é imprescindível para o desenvolvimento da consciência; mas isto não se refere apenas a um processo passivo de armazenamento, mas a um processo ativo de recategorização alicerçado em categorias prévias.

ainda ser capaz de fazer distinções entre o eu e o resto do mundo, e deve haver estruturas cerebrais que possam ordenar os eventos no tempo. Além disso, o cérebro precisa de trilhas de reentrada para conectar tais estruturas anatômicas.[38]

Dessa maneira, vimos na teoria de Edelman o conceito de *valor* na formação da consciência, ou seja, cada estado consciente é um estado qualitativo – o pressuposto dos *qualia*. Segundo Green, nessa teoria o *valor* entra no campo da neurobiologia, o que nos remete à psicanálise, considerando que o funcionamento do inconsciente pertence à ordem dos valores: "Quer dizer, que valor têm as experiências para a criança ou que valor têm as experiências para o adulto, e, por exemplo, como esclarecer uma noção tão genérica como a do investimento se não a relacionarmos com o fato de isso ter valor para um dado indivíduo?".[39]

Green também ressalta que o processo de autocategorização proposto por Edelman é uma grande mutação na reflexão biológica, é a introdução do conceito "auto". Tal conceito "auto" indica um tipo de organização feita dentro do próprio indivíduo – um tipo de organização que não é proveniente do exterior –, ou seja, um tipo de processo de regulação interna que representa um modo de como as questões se organizam com relação a uma tarefa interna.

Por outro lado, a distinção mais elaborada do conceito eu-não-eu só poderia surgir por meio da relação entre o sujeito e outro da mesma espécie, uma *relação com um outro semelhante,* possibilitando uma complexificação do psiquismo. Esse fato se assemelha ao sentido da experiência psicanalítica, que vem a ser o sentido da transferência. Na relação entre um sujeito e o outro, que na realidade não são iguais, acaba existindo uma distância, um "buraco", no qual se instala a capacidade de simbolização – essa atividade de

38 A reentrada é um processo no qual sinais paralelos vão de um lado para o outro entre mapas no cérebro.

39 Green, 1995, p. 21.

simbolização não está diretamente num indivíduo nem no outro, está *entre*.[40] A partir dessa reflexão, a psicanálise se dirigiu para uma teoria da transferência e do inconsciente.

O próprio Edelman, em sua teoria biológica da consciência, declara em um capítulo exatamente sobre o inconsciente que havia muita coisa ainda que não conseguia explicar, por exemplo, o fato de muito do nosso comportamento ser dirigido pelo inconsciente: "A minha conclusão geral, válida para todas as teorias do espírito, é que dada a existência de atos dirigidos pelo inconsciente, as conclusões obtidas através da introspecção consciente estão sujeitas a erros significativos".[41]

Do mesmo modo, Green conclui em seu discurso que as pesquisas em neurociências ainda estão longe de explicar tudo o que se refere ao imaginário, ao irracional, ao instintivo e ao passional; esse fato nos leva a ter uma concepção do psiquismo que coloca os processos racionais em uma posição mais limitada. Por fim, ele declara:

> *Penso que uma das contradições da ciência é que ela infelizmente não é, afinal, capaz de fornecer uma teoria do sujeito produtor de ciência. Ela só é capaz de se empenhar numa teoria da produção de ciência, mas não do sujeito produtor de ciência, porque uma concepção do sujeito produtor de ciência deveria conjugar, articular e pensar o funcionamento científico e o funcionamento não-científico da pessoa. Isto é, trata-se de fazer a teoria, a teoria do sujeito produtor da ciência, quer dizer, fazer a teoria do psiquismo. A pergunta nesse momento é a seguinte: como convivem e coexistem os dois e o que significa isso?* [42]

40 *Ibid.*, p. 26.

41 Edelman, *op. cit.*, p. 211.

42 Green, 1995, p. 30.

Vimos anteriormente que essa dificuldade em estabelecer uma teoria acerca da consciência nos moldes das teorias neurocientíficas de sua época levou Freud a formular uma outra teoria que, por sua vez, poderia explicar os fenômenos vistos em sua clínica.

Partindo desse ponto, podemos considerar que as neurociências e a psicanálise acabaram adotando formas diferentes de abordagem, porém convergentes, do ser humano, cada uma com seus *métodos próprios*. Jean Delay, o "criador da clorpromazina", defende a ideia de que as relações entre as duas ciências são, na realidade, particularmente íntimas, considerando que toda modificação biológica tem repercussões psicológicas diretas ou indiretas.[43]

Nesse sentido, Mezan afirma que a relação entre neurociências e psicanálise é de colaboração eventual mútua. Em um trabalho apresentado no mesmo encontro da Sociedade Brasileira de Psicanálise de São Paulo citado no início deste capítulo, ele ressalta que talvez os questionamentos acerca dessa relação decorram de uma confusão quanto à natureza da psicanálise: seus métodos de investigação, diagnóstico e finalidade.[44]

A primeira questão refere-se ao fato de que o método de investigação da psicanálise se difere das outras ciências, pois seu objeto de estudo não é algo material; não é parte do mundo físico no qual existem inúmeros exemplares. Desse modo, não pode ser reproduzido e observado repetidamente, por exemplo na química ou na física. Na psicanálise, isso não é possível, pela natureza mesma do objeto de investigação: esse "objeto" é um "sujeito", uma pessoa singular e única, não sendo possível reproduzir um novo "experimento" em condições idênticas às do primeiro: "Isto porque o objeto da Psicanálise é o inconsciente, que é materializado na situação analítica, e esta envolve duas pessoas únicas".[45]

43 Delay, J. & Pichot, P. (1967). *Manual de psicologia*.

44 Mezan, R. (1995). Psicanálise e neurociências: uma questão mal colocada.

45 Mezan, *op. cit.*, p. 270.

A segunda questão está relacionada aos meios de diagnóstico e à finalidade. Um dos objetivos do tratamento psicanalítico, em termos metapsicológicos, é fortalecer o ego para que ele tenha maior autonomia em relação às pressões exercidas pelo id e pelo superego. Para Freud, o adoecimento psíquico estava relacionado a um enfraquecimento relativo ou absoluto do ego, o que tornaria impossível a realização de suas tarefas. Entre as reivindicações instintivas do id – para as quais o ego acaba tendo que fazer grandes dispêndios de energia em contrainvestimentos – e as exigências severas do superego, que podem paralisá-lo, o ego pode sofrer abalos em sua estrutura, levando a uma dificuldade em exercer sua função. Considerando que todo método de tratamento implica, necessariamente, uma concepção do que são as doenças e o tipo de solução a ser dada ou procurada para tratá-las, para Freud, a finalidade do tratamento psicanalítico seria ajudar seus pacientes a lidarem melhor com seus sofrimentos e com as dificuldades inerentes à vida, a partir da recuperação de seu psiquismo.

No *Compêndio de psicanálise* (1940 [1938]/1996), sobre a técnica da psicanálise, Freud deixa clara a tarefa do analista: a partir da situação analítica, estabelece-se um pacto entre analisando e analista, no qual o analista se compromete em interpretar o material inconsciente trazido pelo analisando: "Nosso conhecimento destina-se a compensar a ignorância do paciente e devolver a seu ego o domínio sobre regiões perdidas de sua vida mental. Esse pacto constitui a situação analítica".[46]

Nesse sentido, pode-se notar que o diagnóstico e o tratamento em psicanálise ocorrem *ao mesmo tempo*; a psicopatologia psicanalítica baseia-se nas observações realizadas ao longo do tratamento, no seu método interpretativo e nas construções dos aspectos inconscientes.

Já na psiquiatria, e no restante da medicina, esse caminho é traçado em dois tempos diferentes: para que seja instituída uma terapêutica

46 Freud, S. (1940 [1938]/1996). Esboço de psicanálise, p. 188.

eficaz, um diagnóstico preciso é primariamente necessário.[47] A doença é vista como um fator de perturbação à saúde, que deve ser atacada assim que são descobertas suas causas. A finalidade da psiquiatria é de aliviar, tanto quanto possível, o sintoma. Nesse sentido, a psicanálise tem pretensões menos ambiciosas; o que é sintoma para a psicanálise não é sintoma para a psiquiatria, o que tornaria desnecessária uma possível competição entre ambas.

Para isso, Mezan observa que seria suficiente compreender que a psicanálise não é um ramo da medicina, o que ajudaria também a resolver a confusão existente entre elas.[48]

Por fim,[49] no intuito de voltarmos ao objetivo do presente estudo, consideramos que pode existir um campo no qual essas duas áreas – a psicanálise e as neurociências –, inevitavelmente se entrecruzam: *a clínica*. Foi exatamente a partir das observações dos fenômenos dos quadros de neuroses e parapraxias[50] – como as conversões histéricas e as trocas de palavras – que levaram Freud a direcionar seus estudos dos neurônios aos sonhos.

A clínica: um possível campo de intersecção

Apesar de possuírem métodos de investigação diferentes, entendemos que a clínica, ou mais especificamente, *os fenômenos observados na prática clínica*, pode ser um ponto importante de articulação

47 A questão sobre diagnóstico e tratamento em psiquiatria foi amplamente discutida no Capítulo 1.

48 Mezan, *op. cit.*, p. 276.

49 Entendemos que várias outras questões poderiam ser abordadas no que diz respeito à relação entre a psicanálise e as neurociências.

50 Essa questão será posteriormente abordada por Freud sobretudo em *Psicopatologia da vida cotidiana* (1901) e em *Os chistes e sua relação com o inconsciente* (1905).

entre as neurociências e a psicanálise e uma referência comum dessas duas disciplinas.

Mark Solms, que se dedica ao estudo da psicanálise e das neurociências, também ressalta que a única forma pela qual Freud poderia inferir os mecanismos de repressão – para os quais não havia encontrado uma lesão estrutural anatômica – era a observação clínica.[51] Como vimos na questão da ruptura de Freud com as teorias neurocientíficas, não havia dados suficientes na anatomia patológica de sua época e, em decorrência, nenhuma base empírica que permitisse descobrir os mecanismos neurais dessas alterações.

Assim, a maneira de se avaliar a pertinência da psicanálise é o exame do implícito e do explícito da experiência clínica psicanalítica. Conforme assinala Manoel Lauriano Salgado de Castro, o modelo teórico psicanalítico é também construído e confirmado na situação analítica, visando sua descrição, com a finalidade de lançar as bases para uma futura construção de um modelo científico quando possível: "A refutação e a validação das teorias psicanalíticas se dão na experiência solitária do psicanalista confrontando os modelos teóricos sobre o inefável captável da mente e suas explicitações com o apreensível em sua experiência pessoal; ou seja, *faz-se na introspecção*".[52]

No encontro entre analista e analisando, na aplicação do método na prática, acontecem os fenômenos que serão o objeto de pesquisa. Foi primordialmente dessa maneira que Freud colheu os dados para a construção de suas teorias e desenvolveu suas técnicas de trabalho. Descreve ele em suas *Conferências Introdutórias* de 1916:

> *Na formação médica os senhores estão acostumados a ver coisas. Vêem uma preparação anatômica, o precipitado*

51 Solms, M. (2008). Os desenhos de Sigmund Freud.

52 Castro, M. L. S. (1995). Do modelo neurofisiológico à metapsicologia, p. 310, grifo nosso.

> *de uma reação química, a contração de um músculo em conseqüência da estimulação de seus nervos. Depois, pacientes são demonstrados perante os sentidos dos senhores: os sintomas de suas doenças, as conseqüências dos processos patológicos e, mesmo, em muitos casos, o agente da doença isolado. Nos departamentos cirúrgicos, são testemunhas das medidas ativas tomadas para proporcionar socorro aos pacientes, e os senhores mesmos podem tentar pô-las em execução. Na própria Psiquiatria, a demonstração de pacientes, com suas expressões faciais alteradas, com seu modo de falar e seu comportamento, propicia aos senhores numerosas observações que lhe deixam profunda impressão. Assim, um professor de curso médico desempenha em elevado grau o papel de guia e intérprete que os acompanha através de um museu, enquanto os senhores conseguem um contato direto com os objetivos exibidos e se sentem convencidos da existência dos novos fatos mediante a própria percepção de cada um.*
>
> Na Psicanálise, ai de nós, tudo é diferente. Nada acontece em um tratamento psicanalítico além de um intercâmbio de palavras entre o paciente e o analista. . . . os senhores não podem estar presentes, como ouvintes, a um tratamento psicanalítico. Este pode, apenas, ser-lhes relatado; e, no mais, estrito sentido da palavra, é somente de ouvir dizer que chegarão a conhecer a Psicanálise.[53]

Para Freud, a importância da observação clínica para o estudo das teorias metapsicológicas pode ser ilustrada fazendo o uso de uma

53 Freud, S. (1916-1917/1996). Conferências introdutórias sobre psicanálise, p. 26, grifo nosso.

passagem descrita durante seu estágio no Salpetrière. Segundo ele, Charcot era "infatigável" na defesa dos trabalhos clínicos, que consistia em observar e analisar as coisas, ao contrário da medicina teórica. Ao ser questionado por um grupo de estudantes acerca das implicações clínicas decorrentes das pesquisas fisiológicas da época, Charcot retruca com uma frase que causou grande impacto em Freud: "*Teoria é bom, mas não impede que as coisas existam*".[54]

Segundo Strachey, essa era uma das citações prediletas de Freud, e "ele a repetiu por toda sua vida", por exemplo no *Fragmento da análise de um caso de histeria* (1905 [1901]), na Conferência IX das *Conferências Introdutórias de 1916-17* e em seu *Estudo autobiográfico* (1925).

Dessa maneira, decidimos apoiar nossa suposição na clínica: demonstrar que a psicanálise e a psicofarmacologia podem ser compatíveis. Nos fragmentos clínicos de análise apresentados, são abordadas as teorias biológicas e psicanalíticas sobre cada caso, cada entidade patológica. Nota-se que as teorias não são necessariamente excludentes; muito menos contradizem uma à outra. Apenas abordam a problemática estudada e o fenômeno observado por pressupostos e métodos diferentes. Também não compartilham a mesma finalidade – a psiquiatria busca abrandar o sintoma o quanto possível, enquanto a psicanálise visa a compreensão e ressignificação do sofrimento do paciente. É certo, entretanto, que ambas, combinadas, acabam por caminhar em uma mesma direção: trazer alívio ao sujeito que procura ajuda.

54 "*La théorie, c'est bom, mas ça n'empêche pas d'exister*". Freud posteriormente revelou o fato de que o estudante que questionou Charcot era ele próprio. *In*: Freud, S. (1893/1996). Charcot, p. 23.

3. A psicofarmacologia na psicanálise

Assim, também os senhores devem esforçar-se por deixar que os pontos de vista psicanalíticos amadureçam tranqüilamente nos senhores, junto com a visão popular ou psiquiátrica, até surgir a oportunidade de ambas se influenciarem reciprocamente, de uma competir com a outra e de se aliarem no rumo de uma conclusão.

Freud, 1916

Vimos, no capítulo anterior, que a clínica representa um campo no qual a psicanálise e as neurociências podem se convergir. Dessa maneira, no intuito de estabelecer uma relação entre a psicofarmacologia e a psicanálise – mais especificamente, qual o lugar da psicofarmacologia na psicanálise – optamos por nos embasar exatamente em nossas observações clínicas.

Fragmentos clínicos de análise

Os fragmentos clínicos aqui reunidos são de casos atendidos em psicanálise que receberam acompanhamento psiquiátrico conjunto, em algum momento da análise, por outros colegas psiquiatras.[1] As informações foram obtidas por meio de anotações realizadas em prontuário pela analista. Ressaltamos que muitos detalhes da descrição clínica foram omitidos, excluídos ou modificados para evitar qualquer forma de identificação dos indivíduos em questão, sem, no entanto, alterar a estrutura psicopatológica como é vista na perspectiva psicanalítica, visando a fornecer a possibilidade de serem tomados como casos exemplares para outros possíveis pacientes. Assim, os comentários ficaram restritos às passagens que melhor serviram para demonstrar o ponto de vista estudado – a relação da psicanálise com a psicofarmacologia, esperando que uma experiência comum possa ser evocada naqueles que futuramente se ocuparem de acompanhar psicanaliticamente pacientes que, em algum momento, recebam medicações psicotrópicas.

Consideramos as implicações éticas acerca das dificuldades na utilização de material clínico de pacientes. Sérgio Telles, na introdução de seu livro *Fragmentos clínicos de psicanálise,* observa a escassez de trabalhos clínicos em comparação à abundância de escritos teóricos. O autor atribui esse fato tanto à hesitação por parte dos analistas a se expor, a "mostrar aquilo que ninguém vê",[2] na privacidade de seu consultório e da sua clínica, quanto aos problemas éticos advindos da publicação de material clínico. Para isso, utiliza a argumentação que Freud desenvolveu sobre o assunto, a qual estabelece parâmetros vigentes até hoje. Segue um trecho do prefácio do *Fragmento da análise de um caso de histeria*:

> *a publicação de meus casos clínicos continua a ser para mim um problema de difícil solução. As dificuldades são,*

1 O ponto de vista estudado na relação entre a psicanálise e a psicofarmacologia é o lugar da psicofarmacologia na psicanálise. Assim, escolhemos o *setting* psicanalítico como base para verificar a atuação dos psicofármacos.

2 Telles, S. (2012). *Fragmentos clínicos de psicanálise*, p. 18.

> *em parte, de natureza técnica, mas em parte se devem à índole das próprias circunstâncias. Se é verdade que a causação das enfermidades histéricas se encontra nas intimidades da vida psicossexual dos pacientes, e que os sintomas histéricos são a expressão de seus mais secretos desejos recalcados, a elucidação completa de um caso de histeria estará fadada a revelar essas intimidades e denunciar esses segredos. É certo que os doentes nunca falariam se lhes ocorresse que suas confissões teriam a possibilidade de ser utilizadas cientificamente, e é igualmente certo que seria totalmente inútil pedir-lhes que eles mesmos autorizassem a publicação do caso. Nessas circunstâncias, as pessoas delicadas, bem como as meramente tímidas, dariam primazia ao dever do sigilo médico e lamentariam não poder prestar nenhum esclarecimento à ciência.* Em minha opinião, entretanto, o médico assume deveres não só com relação a cada paciente, mas também em relação à ciência; seus deveres para com a ciência, em última análise, não significam outra coisa senão seus deveres para com os muitos outros pacientes que sofrem ou sofrerão um dia do mesmo mal. *Assim, a comunicação do que se acredita saber sobre a causação e a estrutura da histeria converte-se num dever, e é uma vergonhosa covardia omiti-la quando se pode evitar um dano pessoal direto ao paciente em questão.*[3]

Ainda nesse ponto – acerca das questões éticas envolvendo a publicação de material clínico – Sérgio Telles cita uma extensa revisão realizada por Glen Gabbard (2000), acrescentando novos parâmetros vigentes em alguns países da Europa e dos Estados Unidos, propondo

3 Freud, S. (1905 [1901]). *Fragmento da análise de um caso de histeria*, pp. 19-20, grifo nosso.

cinco formas de lidar com o problema: o disfarce do material, o consentimento do analisando, o enfoque processual, a formação de compósitos e a autoria de um colega.[4]

O disfarce nas publicações clínicas é a forma mais tradicional de lidar com a questão. Entretanto, coloca o problema da "falsificação" dos dados, que interfere no atual critério de cientificidade exigido pelas publicações científicas. Mas pode ser usado obedecendo uma lógica: por exemplo, se o analista está focalizando questões de paternidade, o fato de o paciente ter filhos não pode ser alterado, enquanto outros detalhes de sua vida podem ser omitidos, desde que não sejam relevantes para o tema estudado. Nos fragmentos da análise de um caso de pânico, outro exemplo que se aplica ao presente estudo, é importante para a construção do caso a informação de que o pai do paciente falecera devido a uma grave enfermidade pulmonar, tanto para ressaltar seu quadro de desamparo frente à perda do pai, como para fornecer dados que sustentam seu medo de ter também uma afecção pulmonar, dada sua identificação paterna associada ao cigarro. Além disso, o disfarce não deve permitir que a publicação de material seu interfira com o processo terapêutico do paciente, e, por isso, a recomendação de Freud quanto a escrever sobre casos já concluídos deve ser seguida.

Ainda nesse ponto, uma questão relevante para o adequado ocultamento da identidade dos pacientes é a da reprodução das suas falas em sessão. Como os fragmentos e vinhetas aqui discutidos se baseiam em anotações pessoais feitas na época das sessões, decidi centrar-me no teor dessas falas, evitando sistematicamente reproduzi-las em sua literalidade. Por exemplo, se um paciente me dissesse que tinha brigado com alguém que batera na traseira de seu carro, no presente texto seria feita uma alusão a uma *discussão com uma pessoa que pisara no seu pé* (este exemplo é obviamente imaginário).

4 Telles, *op. cit.*, p. 47.

A segunda forma, o termo de consentimento informado, só na aparência resolve o problema, pois está diretamente ligada às oscilações da transferência. Como consequência, mesmo quando é fornecido pelo analisando, nunca se saberá se significa uma concordância efetiva, questionando-se se realmente o analisando sentir-se-á autorizado a negar um pedido de seu analista. Além disso, a colocação de um termo de consentimento informado na relação entre analista-analisando pode desencadear o reaparecimento de sintomas transferenciais: por exemplo, nos fragmentos da análise do caso de delírio de perseguição, como solicitar um termo de consentimento para um paciente com paranoia? Obviamente, um indivíduo que sofre de paranoia poderia ter seus sintomas exacerbados frente à possibilidade de informações acerca de sua vida serem mencionadas, não importando o quão disfarçadas e irreconhecíveis estivessem.

A terceira forma, o enfoque processual, refere-se aos movimentos pontuais das fantasias e da transferência na relação analítica num determinado ponto do processo, dispensando a história e outros elementos que poderiam aumentar as chances de identificação do paciente. Foi a solução adotada no presente estudo, pois, se por um lado limita a compreensão do caso como um todo (o que de qualquer modo *não* é o nosso objetivo), por outro limita severamente a possibilidade de reconhecimento das pessoas em cuja terapia se manifestaram os ditos processos. Isso porque eles dizem respeito a elementos que elas compartilham com outros seres humanos – emoções, fantasias, desejos, sintomas – e de maneira alguma a aspectos da sua singularidade, únicos e específicos a ela.

O uso de figuras compostas ou compósitas, que corresponderiam a características de diferentes pacientes compondo uma figura para fins de ilustrar uma certa patologia, serviriam apenas para fins didáticos. Sem desprezar esse efeito, já que afinal todos precisamos de exemplos para aprender, essa solução não atenderia aos nossos propósitos que são, no essencial, procurar compreender de modo mais fino e mais preciso o vínculo entre as propriedades bioquímicas da medicação e os efeitos psicológicos da sua administração. Para isso, é necessário falar de casos reais, e não somente de figuras de ficção construídas expressamente para ressaltar o que está em discussão.

Por último, o quinto recurso seria o analista solicitar a algum colega que relatasse o caso no lugar dele, após contar-lhe a história do paciente, resguardando assim o analista – por possibilitar a exposição mais livre de sentimentos contratransferenciais – e analisando – por não ver o nome do seu analista. Essa solução, destinada a resguardar o anonimato do analista, pode ser útil juridicamente, mas não atende ao requisito de falar em primeira pessoa das experiências clínicas que cada um de nós julga importantes e interessantes o suficiente para ganhar a página impressa.

Apesar de considerar essas cinco formas de abordar a problemática acerca da publicação de casos clínicos, o autor conclui – reconhecendo o impasse, assim como Freud o fez – que não há solução ideal, e que cada situação deve ser pesada apropriadamente.

Dessa maneira, serão apresentados quatro fragmentos clínicos de análise de pacientes com diferentes estruturas psicanalíticas – duas psicoses e duas neuroses. A fim de demonstrar a estrutura psicanalítica e sua relação com o uso de alguma medicação psicotrópica, foram isolados fragmentos e cenas que pudessem recriar, na narrativa do caso, situações típicas que podem eventualmente ser encontradas em outros pacientes e situações no decorrer de uma análise. Para exemplificar, tomaremos os fragmentos da análise de um caso de melancolia. A descrição dos sintomas trazidos pelo paciente, tanto no início da análise quanto ao longo dela, é importante para relacioná-los com o diagnóstico psiquiátrico instaurado – a distimia – e com a medicação psicotrópica prescrita – foi introduzida a trazodona para o quadro de insônia. Também a descrição do clima apático e do vazio observados contratransferencialmente nas sessões, assim como algumas características da relação do paciente com seus pais, são importantes para ilustrar a estrutura melancólica do caso em questão e, por fim, relacioná-la com o impacto da prescrição de uma medicação que, ao abrandar o sintoma que visivelmente estava a serviço da resistência ao tratamento, poderia auxiliar o paciente no caminho de uma elaboração de seu sofrimento.

Com o intuito de impossibilitar a identificação do paciente, foi escolhido apenas determinado recorte da análise, deixando de lado quaisquer outras informações que não tivessem relação com o foco do nosso estudo. Também procuramos escolher situações comumente encontradas na prática clínica; por exemplo, não é raro o aparecimento de um quadro de angústia em jovens durante sua formação acadêmica, que um médico apresente quadro de insônia no início da carreira, ou que procure no exercício de sua profissão (a escolha de uma especialização) uma possível saída elaborativa para sua angústia.

Fragmentos da análise de um caso de delírio de perseguição

Thomas começa a sessão relatando os acontecimentos da semana, como habitualmente costumava fazer. Quase como um relatório, descrevia em quais períodos havia ficado um pouco mais desconfiado – por conta de seu quadro de paranoia – e o quanto agora conseguia ficar menos angustiado com esses acontecimentos, apesar da retirada recente da medicação psiquiátrica. Foi apenas ao longo da sessão que pude perceber o quanto algo havia mudado.

Há cerca de um ano e meio havia procurado acompanhamento psicanalítico pela primeira vez. De meia idade, referia sempre ter sido muito desconfiado. Na mais simples ligação telefônica de alguma propaganda já ficava angustiado, pensando que poderia tratar-se de algum golpe ou mesmo de alguma tentativa de sequestro.

Na juventude, iniciara uso de *cannabis*, hábito que havia se tornado mais intenso alguns anos antes, após assumir os negócios da família. Esse uso era sempre acompanhado por companheiros de carteado – *hobbie* que mantinha com grande prazer.

Entretanto, dois meses antes do início da análise, após consumir em maior quantidade essa substância, começou a apresentar um quadro de extrema angústia – sentia-se então perseguido. Descrevia o quadro como uma mania de perseguição: sentia que queriam sequestrá-lo e matá-lo, ficando horas olhando pelas câmeras de segurança de casa à procura de um possível perseguidor. Na rua, acreditava que os carros o seguiam, e fazia sempre caminhos diferentes, chegando a sair totalmente de seu trajeto para fugir de possíveis bandidos. Atribuía essa perseguição ao fato de que seus negócios estavam cada dia mais prósperos, com ganhos financeiros muito maiores do que antes; como havia então de certa maneira enriquecido, sentia que poderia chamar a atenção de ladrões e golpistas que estariam à sua espreita.

Levado a um atendimento psiquiátrico, foi diagnosticado com transtorno psicótico induzido por substâncias,[5] sendo introduzida a olanzapina.[6]

Ao me procurar para a análise, uma parte do quadro já estava remitido. Dizia não sentir tanta ansiedade, mas mantinha certa persecutoriedade. Já conseguia sair de casa e ir para o trabalho, mas ainda ficava desconfortável com ligações telefônicas e com notícias que recebia sobre a violência urbana, tanto na televisão como de pessoas conhecidas.

Nossas primeiras sessões foram permeadas por longos períodos de silêncio. O paciente não conseguia ter uma associação livre adequada e pouco trazia de demanda espontânea, e eu sentia,

---

5 De acordo com o DSM-V, esse transtorno é caracterizado pela presença de delírios e/ou alucinações, desencadeados durante ou logo após intoxicação por uma substância ou abstinência, ou após a exposição a um medicamento. A substância/medicamento envolvida deve ser capaz de produzir esses sintomas apresentados. Faz-se também necessária a exclusão de outras causas orgânicas.

6 Na Tabela 1.1, no Capítulo 1.

contratransferencialmente, que ele estava em tratamento por obrigação. Do ponto de vista psicanalítico, poderíamos pensar que sua dificuldade de associação livre resultava do quadro de angústia provocado por seus sintomas persecutórios. Proveniente de uma cultura familiar rígida, mostrava-se disciplinado – comparecia regularmente às sessões, fazia uso correto das medicações e ficara completamente livre de *cannabis*.

Considerando que, do ponto de visto psiquiátrico, nos casos de transtornos psicóticos induzidos por substâncias, a medicação antipsicótica deve ser mantida por pelo menos um ano após a remissão dos sintomas, o paciente parecia contar o tempo de término do tratamento.

Outra característica de Thomas era um embotamento afetivo (dificuldade de expressar emoções e sentimentos), que eu questionava se era decorrente de alguma resistência às minhas colocações – resistência que seria psicanaliticamente esperada –, ou se tais inibições apenas decorriam do efeito colateral próprio de certas medicações antipsicóticas.[7] De qualquer maneira, apresentava dificuldade em elaborar o que sentia, sempre manifestando um humor mais plano – nem angústia, nem euforia.

Aos poucos, Thomas foi ficando mais confortável em me trazer situações que o incomodavam, que não eram necessariamente relacionadas ao quadro de persecutoriedade – o processo analítico permitiu que temas diversos surgissem. Disse-lhe, certa vez, com o intuito de trabalhar essas questões transferenciais, que entendia sua dificuldade em me falar mais de aspectos da sua vida pessoal, considerando que por várias situações previamente desconfiou que amigos próximos queriam enganá-lo. Presumo que colocações como essa foram criando um ambiente analítico potencial e Thomas conseguiu

7 Algumas características dos efeitos colaterais das medicações antipsicóticas foram descritas no primeiro capítulo, na história da descoberta da clorpromazina.

inclusive me contar o quanto havia ficado decepcionado com seus pais após seu surto. Disse que ambos se afastaram, e sentia que haviam ignorado seu sofrimento. Reconhecia aqui o avanço da análise, pelo fato do paciente falar sobre suas questões de confiança.

Assim, se no período de análise praticamente poucas vezes trazia outras situações de angústia que não relacionadas com o quadro de paranoia, nessa referida sessão começou a me contar algo novo: o relato de um sonho.

Thomas havia sonhado que *ele* é quem estava aplicando golpes e enganando seus amigos, a fim de obter vantagens financeiras sobre eles. Um sonho bastante oportuno para uma situação analítica, uma vez que as projeções dos conteúdos inconscientes do paciente vividos como paranoia puderam se tornar conscientes a partir da situação onírica. E mais – que estes conteúdos puderam ser contados em sessão.

Aqui fica explícito o mecanismo de projeção, aliás descrito inicialmente por Freud na paranoia. Desde os primeiros escritos e na correspondência com Fliess, de acordo com Laplanche e Pontalis, esse mecanismo de defesa de origem muito arcaica já denota uma operação na qual o sujeito expulsa de si e localiza no outro desejos, características e sentimentos que ele desconhece ou recusa nele.[8]

Em 24 de janeiro de 1895, alguns meses antes da publicação dos *Estudos sobre a histeria*, Freud enviou a Fliess um texto sobre este assunto: "Portanto, o propósito da paranoia é rechaçar uma ideia que é incompatível com o ego, projetando seu conteúdo no mundo externo".[9] Nesse memorando, conhecido com Rascunho H, Freud visava a estabelecer dois pontos principais: que a paranoia é um mecanismo de defesa, e que seu mecanismo principal é a projeção.

Um ano mais tarde, em 1896, em suas *Observações adicionais sobre as neuropsicoses de defesa*, Freud ressalta que a projeção é um

8 Laplanche, J. & Pontalis, J-B. (1982). *Vocabulário de psicanálise*, p. 374.

9 Freud, S. (1895/1996). Rascunho H. Paranóia, p. 256.

mecanismo de defesa primária, um uso patológico de um mecanismo inicialmente normal que visa colocar no exterior a origem de um desprazer:

> *Na paranóia, a auto-acusação é recalcada por um processo que se pode descrever como* projeção. *É recalcada pela formação do sintoma defensivo de* desconfiança nas outras pessoas. *Dessa maneira, o sujeito deixa de reconhecer a auto-acusação; e, como que para compensar isso, fica privado de proteção contra as auto-acusações que retornam em suas representações delirantes.*[10]

As vivências de Thomas ilustram de modo claro o que Freud descreve em termos gerais. Começando pelo que não é reconhecido: logo após o relato do sonho, ao questioná-lo sobre o que pensava a respeito, o paciente dissera que o sonho era tão absurdo que não conseguia pensar em nada. Disse-lhe que, talvez, a ideia de que os outros queriam enganá-lo e roubá-lo fosse originada dentro de si, o que indicaria seu próprio desejo de trapacear. E, com o intuito de ratificar a ideia, acrescentei que esse desejo sempre esteve ali; e que até então estava satisfeito, a despeito de qualquer autocensura, durante seus tão prazerosos jogos de cartas. "E não seriam os jogos de cartas nada mais do que, no fim das contas, jogos de enganação?". Ele, sorrindo, acabou concordando. O fato de trazer esse sonho em sessão poderia demonstrar que suas defesas estavam mais brandas.

Retomando nosso objetivo e lembrando que, ao iniciar o processo de análise, o paciente encontrava-se em tratamento medicamentoso com melhora parcial dos sintomas delirantes, vários questionamentos podem ser levantados. Se, do ponto de vista psicanalítico, os sintomas de Thomas eram, ao menos em parte, consequência do

10 Freud, S. (1896/1996). Observações adicionais sobre as neuropsicoses de defesa, p. 182, grifo do original.

mecanismo de projeção, como poderia uma medicação antipsicótica ter influência na melhora do quadro? De que maneira uma medicação psicotrópica, incidindo sobre o biológico, alterando os níveis de neurotransmissores dopaminérgicos no sistema nervoso central, poderia interferir nos sintomas desse caso de paranoia, considerando esse mecanismo causal descrito?

Aqui vale uma diferenciação entre a concepção da psicogênese na psiquiatria e na psicanálise.

A psiquiatria busca definir a origem das psicoses há muito tempo. Apesar dos avanços obtidos nas áreas da neuroendocrinologia (que envolvem os estudos sobre hormônios, neurotransmissores, enzimas etc.), de genética e de neuroimagem, não existe ainda um "marcador biológico" que possa diferenciar um indivíduo normal de um indivíduo com esquizofrenia – o modelo desse grupo de doenças – e várias teorias foram desenvolvidas para tentar estabelecer uma base biológica.

Dentre os fatores bioquímicos, destaca-se a "hipótese da dopamina". A formulação mais simples da hipótese da dopamina seria a de que o transtorno resulta do excesso de atividade dopaminérgica. De acordo com o *Compêndio de Psiquiatria* de Kaplan, Sadock e Ruiz, a teoria evoluiu a partir de duas observações. Primeiro, a eficácia e a potência da maioria dos antipsicóticos (como os antagonistas do receptor de dopamina) estão correlacionadas com sua capacidade de agir como antagonistas dos receptores de dopamina do tipo 2 (D_2). Segundo, os agentes que aumentam a atividade dopaminérgica, notadamente a anfetamina, são psicomiméticos, ou seja, provocam efeitos psíquicos semelhantes a estados psicóticos. No entanto, a teoria básica não especifica se essa hiperatividade dopaminérgica decorre da liberação excessiva de dopamina, do excesso de receptores de dopamina, da hipersensibilidade desses receptores à dopamina, ou de vários desses mecanismos. Também não especifica em quais locais essas alterações ocorrem, ou seja, quais tratos dopaminérgicos estão envolvidos, embora os tratos mesocortical e mesolímbico sejam implicados mais frequentemente.[11]

Existe também uma contribuição genética para esse grupo de transtornos. Por exemplo, esquizofrenia e outros transtornos relacionados a ela (como o transtorno de personalidade esquizotípico) ocorrem com uma maior frequência entre os parentes biológicos de pacientes com esquizofrenia. A probabilidade de uma pessoa ter esquizofrenia está correlacionada com a proximidade da relação com um parente afetado (por exemplo, se for parente de primeiro ou segundo grau). Em estudos com gêmeos monozigóticos – que têm carga genética idênticas – há uma taxa de concordância para esquizofrenia de aproximadamente de 50%. Essa taxa é 4 a 5 vezes maior que a encontrada em gêmeos dizigóticos ou do que a taxa de ocorrência encontrada em outros parentes de primeiro grau.[12]

Dessa maneira, sob a ótica da Psiquiatria, a explicação para a evolução desse caso seria clara: sendo os transtornos psicóticos decorrentes de alterações genéticas/familiares ligadas à disfunção do sistema dopaminérgico, a administração de uma medicação que corrigisse esse desequilíbrio (no caso, um antipsicótico, que provocaria uma maior regulação da atividade dopaminérgica principalmente no sistema mesolímbico) resultaria em uma melhora do quadro, observada nesse caso como uma redução dos sintomas paranoides após a introdução da medicação.

Entretanto, para a Psicanálise, essa explicação seria insuficiente em vários pontos. Como no caso relatado por Freud nas Conferências Introdutórias de 1916, sobre uma senhora com delírio de ciúmes, apenas a explicação genética/biológica deixa em aberto diversos questionamentos: se todos os quadros de psicose decorrem

11 Kaplan, H., Sadock, B. & Ruiz, P. (2017). *Compêndio de psiquiatria: ciência do comportamento e psiquiatria clínica*, p. 303.

12 *Ibid.*

da mesma disfunção do sistema dopaminérgico, como explicar a diversidade de conteúdos e temas dos delírios observados? Por que Thomas acabou por desenvolver um delírio de perseguição, e não outro, de ciúmes, ou de grandeza? E por que, se decorrente também de um fator químico, como o uso de *cannabis*, acabou por exacerbar o quadro a essa altura, e não antes ou depois, já que fazia uso da substância há quase duas décadas?

Na obra de Freud, desde o início pode ser encontrada uma distinção clara entre psicose e neurose.

Em *As Neuropsicoses de Defesas* (1896/1996), Freud destaca que tanto as neuroses como as psicoses estruturam-se a partir do mesmo mecanismo de defesa – o recalque (*Verdrängung*). Entretanto, a grande diferenciação entre elas é de que, nas neuroses, a defesa contra a representação incompatível foi realizada separando-se do seu afeto; a representação em si permanece na consciência, ainda que de maneira fraca e isolada. Já nas psicoses, "uma espécie de defesa muito mais poderosa e bem-sucedida" ocorre: "o eu rejeita a representação incompatível juntamente com seu afeto e se comporta como se a representação jamais lhe tivesse ocorrido. *Mas a partir do momento em que isso é conseguido, o sujeito fica numa psicose que só pode ser qualificada como confusão alucinatória*".[13] Assim, quando o ego rompe com a representação incompatível, ela fica inseparavelmente ligada a um fragmento da realidade, na medida em que, ao obter esse resultado, também ele se desliga de maneira total ou parcial da realidade.

Mais de dez anos se passaram desde a publicação de As *Neuropsicoses de Defesa* até a publicação de história clínica de Schreber, em 1911, sem haver quase nenhuma menção à paranoia nos escritos de Freud.

Nas Notas do Editor Inglês do caso Schreber, entretanto, Strachey ressalta que a análise desse caso de maneira alguma se restringe à abordagem do problema da paranoia. Especialmente a terceira parte,

13 Freud, S. (1894). *As neuropsicoses de defesa*. p. 64, grifo do original.

Sobre o mecanismo da paranoia, esta foi a precursora dos artigos metapsicológicos publicados três ou quatro anos mais tarde, na qual foram expostos vários temas que seriam detalhadamente tratados. Por exemplo, as observações sobre o narcisismo que prepararam terreno para o artigo Sobre o narcisismo, publicado em 1914: "Pesquisas recentes dirigiram nossa atenção para um estádio do desenvolvimento da libido, entre o auto-erotismo e o amor objetal. Este estádio recebeu o nome de narcisismo".[14] Também o exame das pulsões seria mais bem desenvolvido quatro anos mais tarde, em *As pulsões e seus destinos (1915/2010)*.

Dessa maneira, a partir da publicação de Sobre o narcisismo: uma introdução (1914/1996), o narcisismo seria o eixo da abordagem das psicoses, a partir da distinção entre a libido do ego e a libido do objeto. A paranoia decorreria de uma frustração do campo ideal do ego, que representaria o complexo paterno. Este funcionaria como um agente crítico que vigia esse ego ideal, herdeiro do narcisismo dos pais que amam seu filho: "O amor dos pais, tão comovedor e no fundo tão infantil, nada mais é senão o narcisismo dos pais renascido, o qual, transformado em amor objetal, inequivocamente revela sua natureza anterior".[15] Esse "suporte identificatório" promovido pela função paterna seria o fator condicionante do recalque das pulsões na constituição subjetiva. Na paranoia, a ferida narcísica, resultante das frustrações e renúncias impostas pelo ego ideal ao estado narcísico primordial, resultará em uma impossibilidade da internalização simbólica desse ego ideal pelo indivíduo psicótico: "Este ego ideal irá aparecer como um outro hostil, que o vigia e persegue".[16]

A partir da segunda tópica e dos desdobramentos da teoria do narcisismo, Freud avança nos conhecimentos acerca das psicoses. A

---

14 Freud, S. (1911/1996). Notas psicanalíticas sobre um relato autobiográfico de um caso de paranóia *(Dementia Paranoides)*.

15 Freud, S. (1914/1996). Sobre o narcisismo: uma introdução, p. 98.

16 Freud, S. 1914, p. 82.

partir de 1924, com os artigos *Neurose e psicose* (1924[1923]/1996) e *A perda da realidade na neurose e na psicose*, ele estabelece um mecanismo específico da psicose. Tanto nas neuroses quanto nas psicoses, existe uma perda da relação do indivíduo com a realidade, consequência do fracasso do ego em conciliar as exigências pulsionais e as da civilização. No entanto, na neurose, apenas uma parcela da realidade fica restrita, enquanto na psicose ocorre uma rejeição radical desta, o que caracteriza o sintoma psicótico: "Com referência à gênese dos delírios, inúmeras análises nos ensinaram que originalmente uma fenda apareceu na relação do ego com o mundo externo".[17]

Assim, frente à incapacidade do ego de lidar com as exigências do id e a severidade do superego, Thomas acabara por rejeitar impulsos libidinais que para ele seriam inaceitáveis, afastando-se da realidade e reconstruindo-a a partir de seu delírio de perseguição.

Quanto à rigidez de seu superego, podemos entendê-la pela relação conflituosa que sempre tivera com o pai. Thomas descrevia seu pai como uma pessoa egoísta e autoritária. Sentia-se sempre muito cobrado por ele, recebendo frequentemente recriminações e críticas.

Entretanto, também lhe era insuportável perceber o quanto, por diversas vezes, percebia-se identificado com essa rigidez de seu pai. Por exemplo, nas relações sociais costumava ser bastante intolerante – na primeira frustração sentida, principalmente quando achava que de alguma maneira queriam se aproveitar dele ou quebravam sua confiança, se afastava completamente. No processo analítico não foi diferente – os grandes períodos de silêncio, o clima de obrigatoriedade de sua presença nas sessões, que só puderam ser manejados a partir de interpretações da transferência. Eu entendia ser um recado para mim também, que contratransferencialmente me fazia sentir paralisada, o que parecia refletir nas poucas interpretações que conseguira fazer nos primeiros meses de análise. Sobre seu aumento de consumo

17 Freud, S. (1924 [1923]/1996). Neurose e psicose, p. 169.

de *cannabis*, pude interpretar junto ao paciente que poderia ser reflexo do aumento de sua angústia – após assumir os negócios da família, cada vez mais Thomas se via assumindo o lugar de seu pai.

Neste caso apresentado e em minha opinião, a introdução de uma medicação antipsicótica que pudesse abrandar os sintomas psicóticos persecutórios foi essencial para que o paciente pudesse dar início ao processo de análise e aos poucos conseguir subjetivar seu sofrimento. Ora, no auge da crise, Thomas estava completamente paralisado devido à intensidade do quadro persecutório – nem sequer teria chegado ao meu consultório. Tampouco conseguiria estabelecer qualquer relação comigo. Nesse período de sua vida já havia se afastado de todos os amigos e familiares, por desconfiança ou por sentir que ninguém seria capaz de entendê-lo. Porém, ao longo da análise, a partir do momento no qual o paciente conseguiu ressignificar algumas questões que o angustiavam – lembramos que a angústia é o fator ativador das defesas – a medicação já não era mais necessária.

Ressalto que a angústia pôde ser trabalhada a partir da condição criada pelo *setting* analítico, que garantiu que o paciente falasse e sonhasse sobre sua desconfiança (paranoia) em um ambiente de confiança estabelecido lentamente. A transferência se evidenciou, assim como no trabalho das resistências e da interpretação dos sonhos. Thomas recebeu alta do tratamento psiquiátrico, mantendo apenas o acompanhamento psicanalítico, período no qual o referido sonho foi trazido.

Fragmentos da análise de um caso de melancolia

Heitor chega em nossa primeira sessão de análise alegando precisar de ajuda.

Com trinta e poucos anos, o jovem médico estava há poucos meses morando na capital. Nascido no interior do estado, resolvera mudar para uma cidade maior pois pretendia especializar-se em sua área de preferência.

Havia procurado tratamento psiquiátrico dois anos antes, durante sua formação acadêmica. Trazia as possíveis hipóteses diagnósticas de "depressão grave, TOC (transtorno obsessivo-compulsivo) e um leve grau de autismo". Havia na época feito uso de diversas medicações antidepressivas – citalopram, escitalopram, fluvoxamina, sertralina, fluoxetina, clomipramina, imipramina, nortriptilina[18] – todas sem resposta terapêutica adequada, seja por apresentar uma pequena melhora do quadro de tristeza, seja pelo aparecimento de efeitos colaterais indesejados, como disfunções sexuais (impotência, sensação de anestesia dos órgãos sexuais). Concomitantemente havia feito acompanhamento psicanalítico por um ano, porém, apesar de referir que a análise o ajudara muito, acabou abandonando o tratamento alegando dificuldade em conciliá-la com a exaustiva carga horária do curso. Na época em que me procurou estava em uso apenas de desvenlafaxina 50 mg ao dia que, se não aliviava por completo sua tristeza e apatia, pelo menos não lhe trazia efeitos indesejáveis. Assim, buscava no processo psicanalítico uma chance de consolo para seu sofrimento.

Relatava quadro de angústia, choro, insônia, sentimentos proeminentes de menos valia. Associava a tristeza com sua dificuldade de fazer mudanças na vida: sempre teve comportamento muito rígido, com uma necessidade quase aprisionante de organização, e por isso sofrera muito no período de formação acadêmica. Não concordava com o "sistema" com o qual as questões eram conduzidas, incomodava-se com as decisões arbitrárias de seus superiores, com a falta de estrutura e organização do hospital. Como tinha o hábito de colecionar coisas (jogos eletrônicos, calçados, discos...), imagino que tenha sido levantada essa hipótese diagnóstica de TOC – porém

18 As medicações descritas encontram-se na Tabela 1.2 no Capítulo 1.

seu colecionismo era considerado um *hobbie* e não lhe provocava sofrimento. Não tinha pensamentos suicidas, mas referia episódios recorrentes de autoflagelação – quando angustiado, golpeava partes do corpo para tentar sentir alguma dor.

Seu namoro com uma moça mais jovem lhe causava ansiedade e tormento – inclusive foi um dos motivos pelos quais havia procurado tratamento pela primeira vez. Conhecera-a na universidade; ela era alguns anos mais nova, de família abastada. Sentia que gostava dela, porém relatava que não tinham muitos interesses e objetivos de vida em comum. E isso lhe causava grande angústia – como estavam morando em cidades diferentes, sentia que ficava desesperado quando ela viajava com amigos ou frequentava as festas, pois achava que não estava à altura dela, julgando-se também culpado pelas frequentes brigas entre eles. Acreditava que seu medo constante de perdê-la, principalmente após mudar para outra cidade, era um dos agravantes do seu quadro atual.

Nossas primeiras sessões foram marcadas por uma sensação de vazio; Heitor sempre me dizia que não tinha nada para falar, que sentia que não acontecia nada em sua vida. Explicava-lhe que o sentir não ter nada na vida já era um assunto para ser conversado... Ele sentia que sua vida se resumia a trabalhar e a pagar contas, não vendo muito sentido nisto. Dizia que nada lhe dava prazer, nem mesmo quando acreditava gostar de algo. Por exemplo, contou-me que durante anos havia planejado conhecer uma determinada praia, pois, das poucas coisas que amava, uma era o mar. Porém, ao chegar na tão sonhada praia, não sentiu absolutamente nada...

Também trazia constantemente a dificuldade de se relacionar com seus pais: considerava-os distantes. Como seu pai era alcoólatra e agressivo e sua mãe deprimida, sempre envolvida nas próprias angústias, sentia que não era olhado nem notado por eles. Como era filho único, via-se sozinho, sensação que sempre o acompanhara.

Sentia muita raiva de seu pai, que lhe aplicava castigos por qualquer pequeno desacerto, mesmo comum para uma criança, alegando que não suportaria um filho mal-educado. Segundo Heitor, seu pai trabalhava muito, inclusive aos finais de semana e férias, e geralmente o levava junto para o trabalho nas férias do período escolar, para aprender o "valor" do trabalho. Sua mãe, no puerpério, havia apresentado piora do quadro depressivo, porém, devido a um relacionamento conturbado com o restante da família, não tinha ajuda, tendo que cuidar do bebê mesmo que de maneira precária.

Aos poucos foi se lembrando de que esse quadro de tristeza e apatia não havia começado tão recentemente quanto pensava. Na verdade, sempre foi infeliz: desde a infância lembrava ter sido um menino triste, com um jeito desanimado em todas as fotos da época. Também durante a faculdade chegou a ser notado por sua expressão entristecida. Questionava se essa era sua natureza e se teria pouca chance de mudar.

O quadro de insônia de Heitor ao longo dos meses piorava significativamente: passava noites em claro, aflito com a possibilidade de não conseguir trabalhar nos plantões do hospital no dia seguinte. Também passou a faltar em algumas sessões, alegando estar exausto. Chegava inclusive a pensar em desistir de prestar a prova para a especialização que desejava: mal conseguia dormir para trabalhar, como conseguiria dedicar-se para qualquer curso?

Assim, como estava sem acompanhamento psiquiátrico há algum tempo, fazendo uso da desvenlafaxina por conta própria, resolvi encaminhá-lo para um colega psiquiatra. Contratransferencialmente, os aspectos de passividade de Heitor faziam com que eu acabasse assumindo uma postura mais ativa; no entanto, também entendia que o processo de análise estava paralisado – sua angústia devastadora, aliada ao quadro de privação crônica de sono, bloqueavam sua capacidade de pensar, e sua libido estava demasiadamente investida na própria ferida.

Seguindo a sugestão de Ferenczi, ao avaliar a influência da doença orgânica sobre a distribuição da libido, Freud ressalta que uma pessoa atormentada por um mal-estar orgânico deixa de se interessar pelas coisas do mundo externo, na medida em que não dizem respeito ao seu sofrimento. A pessoa inclusive retira o interesse libidinal de seus objetos amorosos, ou seja, o indivíduo adoecido traz seus investimentos libidinais de volta para seu próprio ego, colocando-os no exterior somente quando se recupera: "'Concentrada está sua alma', diz Wilhem Busch a respeito do poeta que sofre de dor de dentes, 'no orifício do estreito molar'".[19]

Heitor, dessa vez, recebeu o diagnóstico de distimia. Após a introdução da trazodona[20] 50 mg à noite – um antidepressivo de fraca potência que induz o sono como efeito colateral em quadro de insônia – começou finalmente a dormir.

As informações a respeito da análise de Heitor apresentadas até aqui são, acredito, suficientes para as necessidades do nosso argumento. Qual seria então a origem do sofrimento de Heitor nos pontos de vista psiquiátrico/biológico e psicanalítico, considerando as duas abordagens adotadas perante seu pedido de ajuda?

Primeiramente, é possível notar a confusão diagnóstica que envolve a classificação dos transtornos mentais na psiquiatria contemporânea.[21] Várias hipóteses foram propostas por profissionais diferentes. Partiremos da última avaliação psiquiátrica oficialmente estabelecida, a fim de simplificar nosso problema, e por entender que

19 Freud, 1914/1996, p. 89.

20 Essa medicação encontra-se descrita no Capítulo 1, nas Tabelas 1.2 e 1.5.

21 A problemática da classificação diagnóstica em psiquiatria foi discutida no Capítulo 1.

muito pouco acrescentaria à questão discutir todas as hipóteses diagnósticas levantadas, considerando que todas teriam sua etiologia se condensando nas áreas neuroquímicas/neuroestruturais e genéticas.

O termo distimia, que significa "mal-humorado", foi introduzido em 1980. Também conhecida como transtorno depressivo persistente, seu aspecto mais característico é a presença de um humor deprimido que dura a maior parte do dia e está presente quase que continuamente. A principal diferença entre o transtorno depressivo maior e a distimia é que, nesta última, o quadro se inicia em uma idade precoce – os pacientes se queixam que sempre estiveram deprimidos, desde a infância ou adolescência, com um curso crônico persistente ou intermitente.

A etiologia da distimia é semelhante, com relação aos fatores biológicos e neuroendócrinos, à etiologia do transtorno depressivo maior, que será discutido no caso clínico de Maya. Ressalta-se apenas que, na distimia, observa-se uma proporção significativa de pacientes que apresentam uma redução da latência dos movimentos oculares rápidos durante o sono e o aumento da sua densidade – como consequência, podem apresentar um sono menos reparador (devido a alterações em sua arquitetura).

Sob o viés da psicanálise, encontrava-me diante de um melancólico. Em sua história de vida, podia inferir o quanto seu ego construído de maneira frágil – pela deficiência de libidinização de uma mãe deprimida – sofria com os ataques de um superego severo. Na transferência, ele sentia que não tinha nada para me oferecer, e constantemente iniciava suas sessões com frases do tipo: *Bom, eu estava vindo para cá hoje e pensando: o que será que eu vou falar para a Débora? A impressão que eu tenho é a de que não acontece nada na minha vida...*

O termo melancolia tem uma extensa história. O médico grego Hipócrates (460-377 a.C.) afirma que quando a tristeza e o temor persistem por um longo tempo, trata-se do estado melancólico. Em seu trabalho intitulado *A natureza do homem*, a saúde é definida como o equilíbrio dos quatro humores: sangue, fleuma, bílis branca e bílis negra. A doença proveria do domínio de um dos humores sobre os outros. Ainda no século IV a.C., Aristóteles define a melancolia como um estado originado na bílis negra, associando a melancolia à imaginação. Mais tarde, no Romantismo, a melancolia é ainda correlacionada a estados característicos àqueles descritos por Hipócrates, permeada por um quadro de tédio, falta de interesse pelo mundo externo, dor existencial, paralisia psíquica, tristeza, desgosto e abatimento.

Também Freud, em seu texto fundamental sobre o tema – *Luto e melancolia* (1917) –, descreve seus principais aspectos:

> *A melancolia se caracteriza, em termos psíquicos, por um abatimento doloroso, uma cessação do interesse pelo mundo exterior, perda da capacidade de amar, inibição de toda a atividade e diminuição da autoestima, que se expressa em recriminações e ofensas à própria pessoa e pode chegar a uma delirante expectativa de punição. Esse quadro se torna mais compreensível para nós se considerarmos que o luto exibe os mesmos traços, com exceção de um: nele, a autoestima não é afetada. De resto, é o mesmo quadro.*[22]

Entretanto, assim como observamos a dificuldade diagnóstica do caso de Heitor nas avaliações psiquiátricas realizadas, logo no início desse texto Freud já alertava sobre esse ponto. Segundo ele, a definição

22 Freud, S. (1917 [1915]/ 2010). *Luto e melancolia*, p. 173.

da melancolia na psiquiatria descritiva assume várias formas clínicas, cujo agrupamento numa única unidade não havia sido estabelecido com certeza, sendo que algumas dessas formas sugerem afecções antes somáticas do que psicogênicas. Já a definição do quadro clínico da melancolia aí estabelecida por ele nesse texto será mantida ao longo de toda sua obra.

Assim, se a etiologia da melancolia na medicina hipocrática estava relacionada a um desequilíbrio dos humores e na psiquiatria contemporânea a diversas anormalidades biológicas (principalmente a alterações nos sistemas que envolvem a modulação dos neurotransmissores monoaminérgicos, como a norepinefrina, a dopamina, a serotonina e a histamina), a etiogênese da melancolia na metapsicologia encontra-se nos desdobramentos da teoria de Freud sobre o narcisismo.

Segundo Strachey, *Luto e melancolia* (1917) seria um prolongamento do trabalho sobre narcisismo que Freud escrevera um ano antes. Do mesmo modo que em *O narcisismo* o agente crítico é descrito nos casos de paranoia, este vê o mesmo agente na atuação da melancolia. Na verdade, bem no início, em 1897, em um manuscrito endereçado a Fliess (Rascunho N), Freud antecipa pela primeira vez o complexo de Édipo, associando a melancolia à culpa pela morte dos pais:

> *os impulsos hostis contra os pais (desejo de que eles morram) também são um elemento integrante das neuroses. Vêm à luz, conscientemente, como ideias obsessivas. Na paranoia, o que há de pior nos delírios de perseguição (desconfiança patológica dos governantes e monarcas) corresponde a esses impulsos. Estes são recalcados nas ocasiões em que é atuante a compaixão pelos pais – nas épocas de doença ou morte deles. Nessas ocasiões, constitui manifestação de luto uma pessoa acusar-se da morte deles (o que se conhece como melancolia) ou punir-se numa forma histérica (por intermédio da ideia de retribuição) com os*

> *mesmos estados (de doença) que eles tiveram. A identificação que aí ocorre, como podemos verificar, nada mais é do que um modo de pensar, e não nos exime da necessidade de procurar o motivo.*[23]

A concepção de melancolia neste trecho é deixada de lado por Freud por um longo período, até que o assunto pudesse ser reaberto posteriormente após a introdução dos conceitos de narcisismo e de ideal de ego.

Ao comparar o luto com a melancolia, Freud deixa clara sua proposição inicial: em ambos os casos, as alterações observadas são reações à perda de um objeto.

No luto, o indivíduo encontra-se confrontado com a realidade na qual o objeto amado não existe mais, passando a exigir que toda a libido seja retirada de suas ligações com aquele objeto. Cada uma das lembranças e expectativas isoladas nas quais a libido está vinculada ao objeto é evocada e hiperinvestida, e o desligamento da libido aos poucos vai acontecendo em cada uma delas. Esse processo ocorre de forma penosa, mas geralmente é aceito como algo natural. Por fim, quando o trabalho do luto se conclui, o ego fica outra vez livre e desinibido.

Já na melancolia, a perda objetal transforma-se numa perda de uma parte do ego, fato observado na clínica de indivíduos melancólicos: "O melancólico exibe ainda uma outra coisa que está ausente no luto – uma diminuição extraordinária de sua autoestima, um empobrecimento do Eu. No luto, é o mundo que se torna pobre e vazio; na melancolia, é o próprio Eu".[24]

Esta última proposição é baseada no processo pelo qual, na melancolia, um investimento objetal é substituído por uma identificação.

---

23 Freud, S. (1897/1996). Rascunho n. notas III, p. 305.

24 Freud, 1917, p. 176.

Em *Psicologia de grupo e análise do ego* (1921), Freud ressalta que a identificação é conhecida pela psicanálise como "a mais antiga expressão de um laço emocional com outra pessoa",[25] desempenhando um papel na história primitiva do complexo de Édipo. A identificação seria uma etapa preliminar da escolha objetal, a primeira forma pela qual o ego escolhe um objeto, desejando incorporá-lo a si, e, em conformidade com a fase oral ou canibalista do desenvolvimento libidinal em que se acha, deseja fazer isso devorando-o. Nas melancolias, o ego é dividido em duas partes: uma "vocifera" sobre a segunda. Essa segunda parte é aquela que foi alterada pela introjeção e contém o objeto perdido. Ela também abrange a consciência, uma instância crítica dentro do ego, capaz de isolar-se do restante do ego e entrar em conflito com ele. Esta instância, o "ideal do ego", é o herdeiro do narcisismo original em que o ego infantil gozava de autossuficiência, e impõe ao restante do ego exigências que não podem ser satisfeitas. Essa introjeção fica evidente na autodepreciação do ego, combinada com uma exacerbada autocensura e constante autocrítica: "As análises demonstram que essa depreciação e essas censuras se aplicam, no fundo, ao objeto e representam a vingança do ego sobre ele. A sombra do objeto caiu sobre o ego, como disse noutra parte. Aqui a introjeção do objeto é inequivocamente clara".[26]

No caso de Heitor, poderíamos assim entender seu quadro constante de sentimentos de menos valia e tristeza. Diante de um superego crítico e cruel, via-se insuficiente em várias áreas de sua vida, nas relações amorosas, sociais e profissionais. Também em seus episódios de autoflagelação, o quanto suas constantes "desistências" perante maiores desafios e tentativas de obtenção de prazer refletiam o ódio manifestado em partes do seu próprio ego, frente à frustração do objeto de amor perdido, que acabava por refugiar-se em uma identificação

---

25 Freud, S. (1921/1996). Psicologia de grupo e análise do ego, p. 119.
26 *Ibid.*

narcisista. Esse amor não poderia ser renunciado, embora o próprio objeto o tenha sido, culminando em ataques ao objeto substitutivo – seu próprio ego – dele abusando-o e fazendo-o sofrer: "A autotortura na melancolia, sem dúvida agradável, significa, do mesmo modo que o fenômeno correspondente na neurose obsessiva, uma satisfação das tendências de sadismo e ódio relacionadas a um objeto, que retornam ao próprio eu do indivíduo nas formas que vimos examinando".[27]

A culpa com relação a seus pais ficava clara nas tentativas de constantemente repará-los com agrados financeiros – na época, boa parte de seus recursos (e por isso sua jornada de trabalho era intensa) era destinada a ajudá-los em um projeto ao qual se apegavam muito. Por vezes dizia que em algum momento havia tido uma relação ruim com seu pai e, inclusive, a ideia de estudar em outra cidade havia sido uma tentativa de afastar-se dele, mas mesmo distante tentava ajudá-lo, talvez ainda na tentativa de resgate desse objeto de amor outrora perdido: *Mas a relação com o pai e mãe que já passou tem jeito? Pois hoje meu pai é outra pessoa. Parou de beber, já faz anos, é alegre, calmo. Posso até dizer carinhoso...*,[28] disse Heitor, durante uma sessão, buscando preencher esta lacuna.

Essa ambivalência também aparecia com relação a mim. Tanto as suas ausências quanto seu discurso de não ter nada para me dizer seriam ataques de ódio e vingança, em uma tentativa de deixar-me de mãos vazias, e fazendo com que eu sentisse o mesmo vazio que ele por sua vez vivia.

Sua resistência ao divã – logo nas primeiras sessões pediu para ficar sentado na poltrona, alegando sentir-se muito angustiado quando se deitava nele – refletia sua necessidade de receber o olhar de uma

27 Freud, 1917, p. 184.

28 De acordo com o especificado no início deste capítulo, as ideias são dele, mas as palavras são minhas, como uma tentativa de recriar a cena analítica, sem, no entanto, permitir qualquer identificação do paciente.

mãe que pudesse libidinizar seu ego fragilizado, de alguma forma compensando a falta que tais investimentos amorosos – devido à depressão materna – tinham feito em sua primeira infância.

O encaminhamento para um colega psiquiatra para que fosse medicado poderia refletir, por um lado, a sensação de urgência que senti contratransferencialmente diante do seu pedido desesperado de socorro. Ana Cleide Guedes Moreira pontua que, diante de um melancólico, a demanda de escuta para seu sofrimento pode provocar no analista uma espécie de hesitação e uma expectativa pelo pior, como se estivesse diante do perigo: "Estar com um paciente melancólico é assim: hesitação e urgência".[29]

Por outro lado, apesar de reconhecer que nenhuma medicação antidepressiva poderia aliviar seu sofrimento, tanto pelas diversas experiências prévias de uso relatadas pelo paciente, quanto por entender que sua ferida narcísica remetia a um acontecimento muito profundo e doloroso na sua constituição subjetiva, a crônica privação de sono paralisava qualquer possibilidade de elaboração que pudesse ser feita pelo paciente. Freud coloca uma outra questão com relação à insônia no caso dos melancólicos. Sabemos que, no luto, é necessário tempo para que o teste de realidade seja levado a efeito em cada detalhe e que, ao ser realizado, o ego consegue libertar sua libido do objeto perdido. Seria possível imaginar que o ego se ocupa com um trabalho análogo no decorrer de uma melancolia. No entanto, na melancolia, esse trabalho parece não acontecer, e os frequentes quadros de insônia de certa maneira confirmam essa inviabilidade:

> *A insônia, na melancolia, atesta provavelmente a rigidez do estado, a impossibilidade de cumprir a retirada geral de investimentos que o sono quer. O complexo da*

29 Moreira, A. C. G. (2001). A melancolia na obra de Freud: um Narciso sem [des] culpa, p. 98.

> *melancolia se comporta como uma ferida aberta, de todos os lados atrai energias de investimento (que chamamos de contrainvestimentos no caso das neuroses de transferência) e esvazia o Eu até o completo empobrecimento; com facilidade pode se mostrar resistente ao desejo de dormir do Eu.*[30]

Em seu artigo sobre a clínica das depressões, Pierre Fédida e Manoel Tosta Berlinck argumentam que hoje a melancolia acaba sendo nomeada como depressão[31] e esse processo de indiferenciação entre ambas acaba prejudicando a terapêutica instituída. Isso porque os antidepressivos, como indica o nome, são eficazes no tratamento da depressão, mas não na melancolia. E exatamente a partir da disseminação do consumo de antidepressivos por pacientes que estão em tratamento psicoterápico é que se observa uma clara diferença psíquica entre depressão e melancolia. Estes pacientes, invariavelmente, saem da depressão, mas permanecem com sintomas melancólicos: "Há, portanto, depressão na melancolia. Porém, enquanto a primeira pode ser vista como um estado, a segunda pode ser caracterizada – tal como Freud o fez – como neurose narcísica na qual o conflito intrapsíquico ocorre entre as instâncias do ego e do superego implicando o sujeito na culpa".[32]

O desejo de Heitor de cursar uma especialização em reconstrução óssea poderia apontar um caminho para uma possível elaboração de seu sofrimento. Essa técnica tem como objetivo corrigir desigualdades de comprimento de membros inferiores ou superiores, e trata deformidades de causa congênita, traumática ou neurológica em crianças e adultos. Ela consiste em primeiramente ligar o osso a um

---

30 Freud, 1917, p. 186.

31 A questão da depressão será melhor abordada nos fragmentos clínicos de um caso de depressão.

32 Fédida, P. & Berlinck, M. T. (2000). A clínica da depressão: questões atuais, p. 11.

fixador externo e realizar um corte nele, aguardando em seguida um certo período. Com isso, torna-se possível obter um novo osso, o chamado regenerado ósseo. Esse "novo osso" permitirá que o anterior deformado ou encurtado seja corrigido. Ao me explicar certa vez do que se tratava o curso, disse-lhe que sentia que me pedia o mesmo – um "novo osso", que corrigisse as falhas e deformidades anteriores, me referindo à sua ferida narcísica. Heitor concordou, e acrescentou que, fazendo esse trabalho em outras pessoas, ele mesmo também poderia vir a recuperar sua capacidade de "andar", de reconstituir seu ego ferido e debilitado. A essa altura, após alguns anos de análise, já havia prestado o exame para o curso e sido aprovado.

Nota-se, a partir do caso de Heitor, que tanto as abordagens psicofarmacológicas quanto a psicanalítica foram complementares, mesmo com as limitações da aplicação de medicações antidepressivas em casos de melancolia. Poder-se-ia alegar que a evolução poderia ter sido a mesma se nenhuma medida farmacológica tivesse sido estabelecida, e o paciente ficasse sem dormir. Realmente não consigo afirmar se, mediante a exaustão na qual se encontrava durante os primeiros meses de análise, com noites completamente em claro – inclusive esta privação crônica de sono impactava em sua saúde de maneira geral, com quadros frequentes de diarreia e gripe – Heitor teria conseguido manter o processo psicanalítico. De qualquer maneira, a hipótese de uma alteração, seja genética ou ambiental na regulação de neurotransmissores monoaminérgicos no sistema nervoso central (teorias biológicas), não anula nem contradiz a teoria psicanalítica da etiogênese da melancolia citada anteriormente: apenas aborda a questão por outro viés.[33]

---

33 No próprio *Compêndio de psiquiatria* de Kaplan, Sadock e Ruiz, no setor que aborda a etiologia da distimia, destacam-se os fatores psicanalíticos, por exemplo no seguinte trecho: "Em *Luto e melancolia*, Freud afirmou que o desapontamento interpessoal precoce na vida pode causar uma vulnerabilidade para depressão que leva a relacionamentos de amor ambivalentes no adulto; perdas reais ou ameaçadas

Fragmentos da análise de um caso de pânico

Davi chega angustiado para a sessão. Já não apresentava mais crises de pânico após a introdução da vortioxetina[34] seis meses antes por um colega psiquiatra. Deitado no divã, após um longo período de silêncio, desabafa dizendo precisar me contar algo. Imaginei que se sentia ainda muito ansioso com os problemas relacionados a um contrato financeiro equivocado, tema recorrente nos últimos tempos, e perguntei do que se tratava. Ele então disse, desapontado, que havia voltado a fumar.

O paciente encontrava-se no terceiro ano de análise. Na época, havia procurado acompanhamento devido à "depressão". Sentia-se angustiado após o diagnóstico de uma grave doença pulmonar de seu pai, e por isso trazia também a demanda de parar de fumar.

Seu pai era considerado o alicerce que sustentava a família toda. Apesar de ser rabugento e crítico, era ele quem resolvia todos os problemas relacionados aos negócios da família e às demandas e necessidades domésticas, como pagamento de contas, administração da casa, organização de festas familiares. Retratava seu pai como um homem "potente", porém infeliz. Sempre o via reclamando de tudo, irritadiço e mal-humorado. Nas viagens de férias na infância, lembrava de sempre vê-lo isolado, pensativo e fumando em algum lugar afastado.

Após cerca de um ano de análise, entretanto, um evento extremamente significativo acontecera em sua vida: a morte de seu pai.

Apesar de todos os tratamentos médicos, a doença paterna havia evoluído de maneira muito desfavorável. Já bastante debilitado, seu pai falecera durante uma internação prolongada.

---

na vida adulta podem desencadear depressão... Quando privadas de amor, afeição e cuidados, se tornam clinicamente deprimidas; quando vivenciam uma perda real, internalizam ou introjetam o objeto perdido e dirigem sua raiva contra ele e, dessa forma, contra si próprias." (Kaplan, Sadock & Ruiz, 2017, p. 381).

34 Na Tabela 1.2 no Capítulo 1.

Nos meses subsequentes, Davi ocupou-se exaustivamente da resolução do inventário do pai. Vendeu a empresa da família, organizou as contas bancárias e investimentos financeiros. Quanto à negociação de um contrato, na correria da resolução das burocracias da herança do seu pai, descobriu posteriormente que havia errado ao não perceber que fechara um acordo financeiro com um negociador desonesto.

A partir desse momento, Davi passou a experimentar sentimentos de falha e, ao mesmo tempo, de desamparo. Por diversas vezes, expressara seu desejo de não assumir o lugar de seu pai na família. Referia que havia tentado fugir desse destino, que gostaria de percorrer um caminho diferente, tanto pela percepção de que seu pai havia sido muito infeliz nas escolhas feitas ao longo da vida, como por não se sentir capaz de ser tão forte e competente quanto ele. Após a morte do pai, sentiu-se compelido por sua família a assumir a função exercida por ele, mas não se sentia preparado para tal tarefa – inclusive sentia que ainda precisava do pai para resolver os seus próprios problemas. Como poderia resolver tudo sozinho agora?

Após receber um telefonema confirmando o erro no tal contrato, Davi apresentou uma crise de ansiedade intensa: começou a sentir palpitações, um profundo aperto no peito, tremores por todo o corpo e dificuldade para respirar. Sentiu que iria morrer. Depois desse episódio, passou a ter crises semelhantes, de início súbitas e imprevisíveis. As crises aconteciam de maneira inexplicável, mesmo quando achava já que estava mais tranquilo. Após procurar um clínico geral para investigar possíveis causas orgânicas, passou a ser acometido por pensamentos catastróficos de que esse negociador desonesto era um criminoso e poderia colocar sua vida em risco. Em seguida, desenvolveu um medo de ter novas crises, e passou a evitar também qualquer contato com as questões que pudessem lembrá-lo desse assunto – ficava apavorado ao pensar no problema. Com receio de que alguém em sua família abordasse esse tema, passou a evitá-la. Nesse período, faltou diversas vezes às nossas sessões – minha hipótese era que, transferencialmente, ele sentia medo de que pudéssemos eventualmente conversar sobre isso. Para as faltas, alegava estar demasiado cansado (devido a um quadro de insônia terminal associado) ou ocupado realizando algum exame para descartar possíveis causas orgânicas – certa vez expressou o receio de também ter uma doença grave no pulmão. Tudo indicava que, em vigência do intenso sofrimento pelo qual estava passando, sua capacidade para pensar em qualquer questão que pudesse ajudar a subjetivar sua angústia estava comprometida.

Desse modo, considerando a intensidade do quadro, resolvi encaminhá-lo para um colega psiquiatra (qualquer causa orgânica possível havia sido descartada). O diagnóstico clínico foi então estabelecido: tratava-se de um transtorno do pânico.[35]

Embora esse transtorno tenha surgido oficialmente como uma entidade diagnóstica em psiquiatria apenas a partir da publicação do DSM-III em 1980, referências a esta entidade clínica foram descritas muito antes disto. A ideia de transtorno do pânico pode ter sua origem no conceito da "síndrome do coração irritável", que o médico Jacob Mendes DaCosta (1833-1900) observou em soldados da Guerra Civil Americana. A síndrome de DaCosta incluía muitos sintomas

35 De acordo com o DSM-V (2013), o transtorno do pânico é caracterizado por ataques de pânico recorrentes e inesperados. Um ataque de pânico é um surto abrupto de medo intenso ou desconforto intenso que alcança um pico em minutos e durante o qual ocorrem quatro (ou mais) dos seguintes sintomas: 1. palpitações, coração acelerado, taquicardia; 2. sudorese; 3. tremores ou abalos; 4. sensações de falta de ar ou sufocamento; 5. sensações de asfixia; 6. dor ou desconforto torácico; 7. náusea ou desconforto abdominal; 8. sensação de tontura, instabilidade, vertigem ou desmaio; 9. calafrios ou ondas de calor; 10. parestesias (anestesia ou sensações de formigamento); 11. desrealização (sensações de irrealidade) ou despersonalização (sensação de estar distanciado de si mesmo); 12. medo de perder o controle ou "enlouquecer"; 13. medo de morrer. Também devem estar presentes: apreensão ou preocupação persistente acerca de ataques de pânico adicionais ou sobre suas consequências e/ou uma mudança desadaptativa significativa no comportamento relacionada aos ataques.

psicológicos e somáticos que desde então foram incluídos entre os critérios diagnósticos do transtorno do pânico, como a ativação paroxística do sistema nervoso autonômico e das cognições catastróficas.

No *Compêndio de psiquiatria* de Kaplan, Sadock e Ruiz, vários fatores etiológicos são enumerados. A pesquisa sobre as bases biológicas do transtorno produziu uma variedade de achados. A maioria dos trabalhos utilizou estimulantes biológicos para induzir os ataques de pânico em pacientes com o transtorno.[36] Evidências consideráveis indicam que a desregulação do sistema noradrenérgico é central em sua fisiopatologia. Também a disfunção serotoninérgica é bem evidente nesse transtorno, e vários medicamentos que interferem na transmissão serotoninérgica revelaram aumento dos níveis de ansiedade. De maneira resumida, os dados biológicos conduziram a um foco no tronco cerebral (em particular nos neurônios noradrenérgicos do *locus ceruleus* e nos neurônios serotoninérgicos dos núcleos da rafe mediana), no sistema límbico (possivelmente responsável pela geração da ansiedade antecipatória) e no córtex pré-frontal (possivelmente responsável pela geração da esquiva fóbica). Também os fatores genéticos são salientados. Diversos estudos salientaram que os parentes em primeiro grau de pacientes com transtorno do pânico têm um risco 4 a 8 vezes maior para o transtorno do que os parentes em primeiro grau de outros pacientes psiquiátricos.[37]

---

36 As substâncias indutoras do pânico (por vezes denominadas *panicogênicas*) induzem ataques na maioria dos pacientes com transtorno do pânico e em uma proporção muito menor de indivíduos sem o transtorno ou sem história de ataques de pânico. As substâncias indutoras de pânico chamadas de respiratórias causam estimulação respiratória e mudança no equilíbrio ácido-básico. Elas incluem dióxido de carbono, lactato de sódio e bicarbonato. As substâncias indutoras de pânico neuroquímicas atuam por meio de sistemas neurotransmissores específicos e incluem a ioimbina, o flumazenil, a colecistocinina e a cafeína. As substâncias indutoras de pânico respiratórias podem provocar uma hiperventilação que, aumentando os níveis de Pco_2 e de lactato cerebral, ativa de forma prematura um sensor fisiológico de asfixia.

37 Kaplan, H., Sadock, B., & Ruiz, P. *op. cit.*, p. 392.

Assim, feito o diagnóstico, foi introduzida uma medicação antidepressiva, a vortioxetina. Durante nossas sessões, Davi sentia-se um pouco mais seguro após a avaliação psiquiátrica e a introdução da medicação. Também parecia sentir maior alívio após as diversas avaliações clínicas que descartaram qualquer doença grave ocasionando o quadro. Como durante o tempo anterior de análise já havia conseguido elaborar diversas questões relacionadas a alguns assuntos que o incomodavam, não colocava na medicação nenhuma expectativa de cura milagrosa: apenas dizia precisar que diminuísse aquele mal-estar no corpo que o paralisava.

Aos poucos, as crises tornaram-se mais esparsas e menos intensas; dormia melhor e já conseguia encontrar seus familiares. Ainda não conseguia se envolver nas questões e problemas envolvendo o tal contrato, e ainda se sentia angustiado ao ser invadido por pensamentos que o lembravam desse assunto. Voltou a frequentar regularmente as sessões. Para mim, parecia que estávamos retomando o processo analítico do mesmo ponto no qual havíamos parado antes das crises, após um longo período de afastamento.

Mas do que se tratava o pânico do ponto de vista psicanalítico?

Em *Inibição, sintoma e angústia* (1926), Freud coloca algumas questões essenciais para um entendimento "que nos leve à natureza da angústia":

1. A angústia é um estado afetivo desprazeroso que, diferentemente de outros estados de desprazer (tensões, dor, tristeza), é acompanhada de sensações físicas mais ou menos definidas que podem ser referidas a órgãos específicos do corpo. Os mais evidentes e frequentes são aqueles ligados aos órgãos respiratórios e do coração: "Eles são prova de que inervações motoras, ou seja, processos de descarga, participam do fenômeno geral da angústia".[38]

38 Freud, S. (1926/2010). Inibição, sintoma e angústia, p. 72.

2. Esses processos de descarga, que servem para aliviar o aumento de excitação que provoca o desprazer, seguem "trilhas específicas". Isso nos leva a pensar na existência de um fator histórico que ligue os estados de angústia a essas inervações, ou seja, um estado de angústia seria uma reprodução de alguma experiência prévia que culminou em um aumento de excitação e uma consequente descarga por trilhas/inervações específicas, que determinou seu caráter específico. Essa experiência prévia se refere ao momento do nascimento: "No ser humano, tal vivência prototípica é o nascimento, e por isso nos inclinamos a ver no estado de angústia *uma reprodução do trauma do nascimento*".[39]
3. A angústia surgiu originalmente como uma reação a um estado de perigo e é reproduzida sempre que um estado desta espécie se repete.
4. Essa situação de perigo, no ato do nascimento, origina-se na separação da mãe. Aqui, a angústia emerge com um desamparo psíquico do bebê, que é equivalente ao seu desamparo biológico – ela se expressa, portanto, na ausência da mãe.
5. A partir da constatação de que um objeto externo perceptível poderia cessar e afastar a situação perigosa que lembra o nascimento, "o teor do perigo se desloca da situação econômica para sua condição, a perda do objeto".[40]
6. A angústia é um estado afetivo e, assim, só pode ser sentida pelo ego. A evolução das várias situações de perigo experimentadas posteriormente a partir do seu protótipo, o ato do nascimento, não invalidam completamente os estados de angústia precedentes. À medida que o ego se desenvolve, as situações de perigo mais antigas tendem a perder sua força e ser deixadas de lado, podendo considerar que cada período da vida de um indivíduo tem seu determinante apropriado de angústia. Assim, o perigo de desamparo

---

39 Freud, 1926/2010, p. 73, grifo nosso.

40 Freud, 1926, p. 80.

psíquico é apropriado ao perigo de vida quando o ego do indivíduo é imaturo; o perigo da perda do objeto, até a primeira infância, quando este indivíduo ainda se acha na dependência de outros; o perigo de castração, até a fase fálica; e o medo do superego, até o período de latência. Entretanto, Freud ressalta: "Mas todas essas situações de perigo podem subsistir uma ao lado da outra e induzir o Eu à reação de angústia também posteriores àquela adequada. É possível que também haja relações estreitas entre a situação de perigo que tem efeito e a forma de neurose subsequente".[41]

Em *Pânico e desamparo* (1999), Mário Eduardo Costa Pereira coloca mais especificamente a questão do pânico em um plano propriamente metapsicológico, sustentando a tese de que a noção freudiana de desamparo (*Hilflosigkeit*) encontra-se no cerne da teoria da angústia e no problema do pânico.

Ao longo da tese, o autor discorre sobre como Freud tratou a questão do desamparo por meio de constantes reelaborações teóricas, porém nunca abandonando a referência a essa condição de dependência absoluta do bebê. Segundo Pereira, para além dessa condição inicial, explicitada em *Inibição, sintoma e angústia*, Freud irá colocar a questão do desamparo como "a base do desespero do homem quando confrontado à precariedade de sua existência, e que o leva à criação de deuses onipotentes, supostamente capazes de controlar de modo benfazejo as potências do Universo".[42]

Em suma, o autor propõe que o pânico corresponderia a um estado afetivo que se instala no indivíduo a partir da dissolução de um sistema de ilusões que mantinha a crença de estar protegido por um ser onipotente, que garantia a segurança de seu mundo, quando o aparelho psíquico se vê confrontado com a *Hilflosigkeit* e obrigado a reconhecer os limites de sua capacidade de simbolização, vivenciando

41 Freud, 1926, p. 85.

42 Pereira, M. E. C. (1999). *Pânico e desamparo: um estudo psicanalítico*, p. 36.

tais limites como uma ameaça de destruição do seu mundo até então organizado de maneira simbólica:

> *Propomos que o pânico é o estado afetivo que se instaura quando o aparelho psíquico, vendo-se radicalmente confrontado com a Hilflosigkeit – sua dimensão de desamparo fundamental – descobre, com terror, que o lugar onde esperava encontrar a presença concreta de um fiador da estabilidade do seu mundo está fundamentalmente vazio.*
>
> *Tal confrontação, para resultar no pânico, implica dois pressupostos:*
>
> *1. que aquilo que não pode ser simbolizado diz respeito a um gozo sexual ancorado no real do próprio corpo;*
>
> *2. que até o momento do desencadeamento das crises, a dimensão de desamparo da linguagem havia sido "tamponada" naquele sujeito pela presença concreta de "objetos-fiadores" que permitiam a manutenção inalterada de uma ilusão de estar totalmente protegido por um ser onipotente, imortal e benfazejo.*
>
> *Por vezes, a própria questão da falta de garantias sequer chega a ser colocada.*
>
> *O pânico instaura-se num momento de derrocada desse sistema de ilusões.*
>
> *Nessas condições, o ataque de pânico constitui um pedido desesperado de socorro dirigido a este "Outro pré-histórico e inesquecível que ninguém poderia igualar", de que falava Freud, para que venha de novo ocupar este lugar onde faltam as respostas últimas a respeito do sexual do corpo. Dessa forma, a ausência deste portador de todas as*

> *certezas é tratado como se fosse algo de contingente e não de necessário.*[43]

Desse modo, podemos compreender claramente o terror e a paralisia na qual Davi se encontrara ao ser confrontado por uma grave ameaça, agora sem a presença do pai, que, em suas fantasias infantis e idealizadas, correspondia ao ser onipotente e protetor evocado por Freud – encontrava-se vulnerável e incapaz de se defender. Estava desamparado, buscando ser algo que não conseguiria simbolizar, sendo a instalação do quadro de pânico a saída possível.

Podemos agora voltar para a sessão do início deste capítulo.

Ao relatar que havia voltado a fumar, Davi explica que, ao parar o hábito, sentira que a insatisfação com algumas questões de sua vida aumentava. No entanto, como sentia-se inseguro para fazer mudanças, acabou voltando a usar o cigarro. Também, nessa sessão, conseguiu se lembrar de um episódio de sua infância, no qual seu pai quase saiu de casa. Concluiu que seu pai poderia ter sido mais feliz se tivesse ido embora. Na verdade, Davi se referia a ele mesmo também.

Este fato pode ser demonstrado pelo relato de um sonho trazido em sessão logo após a morte do pai. No sonho, Davi via seu pai em uma viagem de férias na infância. Porém – diferentemente de suas memórias – ele estava sorrindo. O sonho expressava seu próprio desejo de ter uma vida mais satisfatória – e parar de fumar implicava em seguir um destino diferente.

Retomando a proposta deste estudo, algumas questões podem ser levantadas. Nota-se que a etiologia do pânico nas concepções psiquiátrica/biológica e metapsicológica são diferentes, mas *não* necessariamente excludentes.

No próprio *Compêndio de psiquiatria* de Kaplan, Sadock e Ruiz, na seção em que são descritos os fatores etiológicos do transtorno

---

43 Pereira, *op. cit.*, p. 38.

do pânico, encontram-se, ao lado dos fatores biológicos e genéticos (descritos anteriormente), os fatores ditos "psicossociais", nos quais os autores apoiam a hipótese de que "acontecimentos psicológicos estressantes" produzem alterações neurofisiológicas, esta apoiada pela observação em diversos estudos:

> *Teorias psicanalíticas foram desenvolvidas para explicar a patogênese do transtorno do pânico. Elas conceituam os ataques de pânico como tendo origem em uma defesa malsucedida contra impulsos provocadores de ansiedade. O que era anteriormente uma leve ansiedade-sinal se torna um sentimento esmagador de apreensão, junto com sintomas somáticos.*[44]

Por sua vez, Freud também reforça em *Inibição, sintoma e angústia* que os fatores biológicos contribuem para a patogênese da neurose, associando a ela o longo período durante o qual o jovem da espécie humana está em condições de desamparo e de dependência: "Dos fatores envolvidos na causação das neuroses, que criaram as condições nas quais as forças psíquicas se enfrentam, três se destacam em nossa compreensão: um biológico, um filogenético e um puramente psicológico".[45]

Assim, estando o *biológico e o subjetivo* implicados na etiogênese do pânico, nesses fragmentos de caso clínico fica clara a necessidade de uma abordagem mútua nestes dois aspectos. A introdução de um psicofármaco capaz de abrandar a potência paralisante dos sintomas auxiliou na continuidade do processo psicanalítico que, por sua vez, ajudaria o paciente a ressignificar e simbolizar seu sofrimento.

---

44 Kaplan, H., Sadock, B., & Ruiz, P. *op. cit.*, p. 393.

45 Freud, 1926/2010, p. 101.

Fragmentos da análise de um caso de depressão

Eu sonhei que a senhora tinha me mandado uma mensagem mudando minha sessão. Disse que não conseguiria me atender no consultório e pediu para que eu fosse para sua casa. Então eu fui. Peguei uma estrada longa, e andei, andei, andei de carro, parecia que não chegava nunca, e até pensei "coitada da doutora, mora tão longe do trabalho". Quando cheguei, vi que a senhora morava num sítio bem bonito, bem arborizado. Logo encontrei uma moça, que estava estendendo roupa e pensei que seria a funcionária, que me recebeu e foi te chamar. Enquanto eu te esperava, vi um menino de uns 8 ou 9 anos de idade, que devia ser seu filho, pulando e saindo de uma piscina linda, dessas de borda infinita. Então a senhora chegou e me cumprimentou. Eu tinha reparado num espaço muito bonito, na área mais para baixo da piscina, que parecia uma área, como um quiosque, para culto, parecia ecumênico, com um altarzinho e uns bancos. Então perguntei o que era. A senhora me explicou que seu marido havia falecido, e que ele se reunia toda semana com um grupo de pessoas para a realização de um culto específico, nesta área. Então que a senhora resolveu continuar morando neste sítio, mesmo após a morte dele e mesmo tão longe de tudo, para preservar o que ele gostava de fazer e mantinha esses cultos em homenagem a ele... sonho esquisito, né?

Maya trouxe esse sonho em uma sessão após um ano e meio de análise. Havia me procurado por uma queixa de depressão e medo de hospital.

Beirando os 40 anos, trabalhava recentemente como profissional da saúde em um grande hospital, considerando estar no topo da sua carreira. No entanto, ainda dependia financeiramente do pai, devido aos gastos dispendiosos com sua filha, que dizia ser especial. Após uma gestação desejada e planejada, sua filha recebera o diagnóstico de uma malformação congênita, e nascera com graves déficits neurológicos, associados a um quadro de convulsões. Dedicou-se, assim, aos cuidados da filha e à ascensão profissional, tanto por gostar muito do ofício que exercia, como por entender que todos os tratamentos dedicados à menina tinham um custo extremamente alto.

Cerca de dois anos antes de me procurar para acompanhamento psicanalítico, havia começado a apresentar um quadro de insônia, angústia, inapetência, cansaço, choro, desânimo e crises de ansiedade. Simplesmente não dormia e não se alimentava – chegara a perder muito peso. Após descartadas causas orgânicas, o diagnóstico: depressão.[46] Após diversos ajustes medicamentosos prévios, estava então em uso de venlafaxina 300 mg ao dia, mirtazapina 45 mg à noite e quetiapina 25 mg também à noite, porém com melhora apenas parcial.[47] Já se alimentava, ia recuperando seu peso habitual e dormia um pouco melhor, porém a angústia e o cansaço não a abandonavam e, mesmo sentindo estar melhor, não havia conseguido retornar ao trabalho, muito ansiosa com a ideia de regressar ao hospital. Referia diversos sintomas, como taquicardia, sudorese e dispneia apenas ao

---

46 De maneira resumida, os critérios diagnósticos para o transtorno depressivo maior no DSM-V incluem cinco (ou mais) dos seguintes sintomas presentes durante o período de duas semanas e representam uma mudança em relação ao funcionamento anterior; pelo menos um dos sintomas é humor deprimido ou perda de interesse ou prazer. São eles: 1. humor deprimido na maior parte do dia, quase todos os dias; 2. acentuada diminuição do interesse ou prazer em todas ou quase todas as atividades na maior parte do dia, quase todos os dias; 3. perda ou ganho significativo de peso sem estar fazendo dieta, ou redução ou aumento do apetite quase todos os dias; 4. insônia ou hipersonia quase todos os dias; 5. agitação ou retardo psicomotor quase todos os dias; 6. fadiga ou perda de energia quase todos os dias; 7. sentimentos de inutilidade ou culpa excessiva ou inapropriada (que podem ser delirantes) quase todos os dias; 8. capacidade diminuída para pensar ou se concentrar, ou indecisão, quase todos os dias; 9. pensamentos recorrentes de morte (não somente medo de morrer), ideação suicida recorrente sem um plano específico, uma tentativa de suicídio ou plano específico para cometer suicídio.

47 As medicações estão descritas nas tabelas do Capítulo 1.

pensar na possibilidade de se aproximar dele – estando agora em um conflito acerca de pedir ou não demissão do serviço.

Durante nossas sessões, trazia o desejo de se mudar para longe e se livrar do controle do pai. O pai a ajudava financeiramente de bom grado; porém lhe cobrava retorno na forma de atenção – ela era responsável pelos cuidados médicos e administrativos da vida dos pais – e de controle dos movimentos dela. No entanto, desde que começara a trabalhar nesse hospital, vinha percebendo que, mesmo alcançando o sucesso profissional possível em sua carreira, jamais conseguiria arcar com as despesas de sua filha sem a ajuda de seu pai.

Sentia-se culpada por não dar conta de tudo como fazia antes e não entendia por que adoecera nesse momento, sendo que já havia passado por situações que considerava mais graves anteriormente, sentindo que administrara as perdas e frustrações em sua vida até então de maneira que considerava satisfatória.

Alguns anos antes, a vida de sua família havia sofrido um trágico evento: seu irmão morrera durante um acidente. Sendo a filha mais velha, teve que assumir os cuidados de toda a família, além de lidar com a perda inesperada do irmão, já que seus pais, já na época com uma idade avançada, "morreram junto com ele", como dizia, e passaram a depender dela para quase tudo, da administração da casa aos cuidados com a saúde.

Também o nascimento de sua única e desejada filha havia sido muito conturbado. O grave quadro neurológico da menina exigia idas constantes a neurologistas, neurocirurgiões, geneticistas, pediatras... Procurou incessantemente os melhores especialistas da área, porém, sem nunca conseguir descobrir a causa das malformações de sua filha; acabara se conformando de que a menina jamais teria uma vida minimamente independente e de que não haveria tratamento que pudesse melhorar sua condição. Dormia todas as noites ao lado da filha, já que as crises convulsivas noturnas eram frequentes, e eventualmente não remitiam com as medidas farmacológicas administradas em casa, sendo necessário inúmeras vezes levá-la a um serviço de emergência durante a madrugada.

Sendo assim, qual seria a causa do sofrimento de Maya, nessa altura de sua vida, considerando que até então havia passado por eventos aparentemente mais devastadores sem se deixar abater por essa sensação de angústia e cansaço que sentia que agora a paralisavam por completo?

Partiremos do diagnóstico psiquiátrico e tratamento estabelecido antes do início da análise.

O chamado transtorno depressivo maior faz parte de um grupo de doenças chamadas de transtornos do humor ou transtornos afetivos, consistindo em, além deste, do transtorno bipolar, hipomania, ciclotimia e distimia. Sua etiologia – assim como em todos os transtornos do humor – está relacionada a diversas anormalidades biológicas encontradas nos pacientes, relatadas em diversos estudos. Tem ocorrido uma progressiva mudança do foco dos distúrbios envolvendo um único neurotransmissor em favor de sistemas neurocomportamentais, circuitos neurais e mecanismos neurorreguladores mais complexos.

Os neurotransmissores mais implicados na fisiopatologia dos transtornos do humor são a noradrenalina e a serotonina. De acordo com o *Compêndio de psiquiatria* de Kaplan, Sadock e Ruiz, a eficácia clínica dos antidepressivos com efeitos noradrenérgicos – por exemplo, a venlafaxina citada anteriormente – reforça o papel da noradrenalina na fisiopatologia de pelo menos alguns dos sintomas da depressão.[48]

O forte efeito que os antidepressivos inibidores seletivos da recaptação de serotonina (ISRS) – por exemplo, a fluoxetina – observado no tratamento da depressão, implicou a serotonina como o

48 Kaplan, H., Sadock, B., & Ruiz, P., *op. cit.*, p. 349.

neurotransmissor mais comumente associado aos quadros depressivos. Também a identificação de múltiplos subtipos de receptores serotoninérgicos aumentou a expectativa das equipes de pesquisas sobre o desenvolvimento de tratamentos cada vez mais específicos para a depressão. Outros dados indicam o envolvimento da serotonina na fisiopatologia desses transtornos. A depleção de serotonina pode precipitar depressão, e alguns pacientes com impulsos suicidas têm concentrações baixas de metabólitos de serotonina no líquido cérebro-espinhal e concentrações baixas de zonas de captação de serotonina nas plaquetas.[49]

Diversas outras alterações são descritas nos transtornos de humor. De maneira resumida, destacam-se as alterações em outros neurotransmissores (dopamina, acetilcolina, ácido gama-aminobutírico, glutamato), as alterações da regulação hormonal (cortisol, hormônios tireoidianos, hormônio do crescimento) e distúrbios imunológicos. Com relação a estruturas neuroanatômicas, a neurociência afetiva atual focaliza-se na importância de quatro regiões cerebrais na regulação do humor: o córtex pré-frontal, o cingulado anterior, o hipocampo e a amígdala. Dessa maneira, os quadros depressivos consistiriam em alterações nessas estruturas. Com relação aos fatores genéticos, inúmeros estudos de famílias, de adoção e de gêmeos documentaram a hereditariedade dos transtornos de humor. Entretanto, recentemente, o foco primário dos estudos genéticos tem sido identificar genes específicos de suscetibilidade usando métodos genéticos moleculares.[50]

Assim, pela perspectiva da psiquiatria contemporânea, a doença de Maya teria sido consequência de alterações diversas nesses sistemas neurobiológicos e estruturas neuroanatômicas citadas, provocadas por predisposições genéticas hereditárias. Ora, mas e por que

---

49 *Ibid.*

50 *Ibid.*, p. 351 e 352.

então, com o uso de antidepressivos potentes que em princípio reequilibrariam grande parte dessas alterações neurofuncionais, Maya continuava com diversos sintomas depressivos, como angústia, choro, cansaço, sono não reparador, e ainda paralisada diante da possibilidade de voltar ao hospital?

Recorramos então à psicanálise.

A depressão não figura entre os quadros clínicos clássicos da psicanálise e, na verdade, jamais ocupou um lugar de destaque entre seus temas. Freud dedicou-se à melancolia tratando-a como uma neurose narcísica, mesmo após a adoção da expressão psicose. Segundo Daniel Delouya, o interesse pelas configurações clínicas da depressão surge, na psicanálise, em associação ao luto e às patologias borderline ou estados-limite pelas quais ela vem se manifestando, em uma crescente atenção desde os anos 1950.[51]

Vista muitas vezes como uma forma atenuada da melancolia, Elisabeth Roudinesco observa que a depressão domina a subjetividade contemporânea, como a histeria no século XIX. Derivada da neurastenia, noção abandonada por Freud, "a depressão não é uma neurose nem uma psicose nem uma melancolia, mas uma entidade nova, que remete a um estado pensado em termos de fadiga, déficit ou enfraquecimento da personalidade".[52]

No artigo publicado na Revista Latinoamericana de Psicopatologia Fundamental intitulado A clínica da depressão: questões atuais, Berlinck e Fédida estabelecem uma diferença específica entre a depressão e a melancolia, descrevendo um campo semântico próprio da depressão – nem a tradição psiquiátrica nem a psicanalítica estabelecem uma diferença clara entre ambas, deixando a melancolia, assim, dissolvida na depressão.

---

51 Em Fédida (1999), *Depressão*, p. 7.

52 Roudinesco, E. (2000),*Por que a psicanálise?*, p. 19.

Dessa maneira, os autores consideram precipitado afirmar que, na psicanálise pós-freudiana, a depressão constitui uma estrutura clínica – como o são o recalque, a recusa da realidade, a negação ou a foraclusão. A depressão pode se caracterizar como um *estado* se manifestando em qualquer estrutura clínica. Entretanto, afirmam, não seria correto dizer que existe uma depressão perversa, uma depressão neurótica, uma depressão psicótica: "a depressão seria uma só ocorrendo nas diversas estruturas clínicas".[53] Mas, então, no que consistiria a depressão?

Esse estado de depressão pode ser caracterizado pela letargia, por uma lentificação e uma insensibilização da sensorialidade, uma condição *vegetativo-vital*, nosologicamente inespecífica. Essa condição manifesta-se por uma série de modificações somáticas, de intensidades variáveis: alterações no processo de digestão, nas percepções sensoriais (as cores ficam restritas a tonalidades cinzas, as texturas desaparecem, os cheiros e os sabores passam despercebidos...), lentificação motora, pesadelos e outros distúrbios do sono, mal-estar, opressão no tórax...

Tal estado – que pode ser comparado à hibernação – leva Freud a relacioná-lo com as condições vigentes na última era glacial. Em seu artigo sobre as neuroses de transferência,[54] Freud (1915/1987) sugere que, ao contrário do que aconteceu nas outras espécies, a catástrofe glacial constituiu o momento da passagem da animalidade para a humanidade, e a depressão é um estado que acompanha essa transformação. A partir da catástrofe glacial ocorre uma mudança no ambiente, e o ser humano acaba sujeito à perda de contato com a regularidade sexual e ao desaparecimento do objeto primitivo de satisfação:

53 Fédida, P. & Berlinck, M. T. (2000). A clínica da depressão: questões atuais, p. 12.

54 *Neuroses de transferência: uma síntese*: originalmente destinado a figurar uma série sobre a metapsicologia à qual se dedicava por volta de 1915, mas que acabou não sendo publicado, passou setenta anos dormindo o sono dos justos em um baú, e só foi reencontrado na década de 1980.

> *Como primeira colocação, afirmaria, portanto, que sob a influência das privações impostas pelo desencadeamento da era glacial a humanidade em geral tornou-se angustiada. O mundo externo, que era até então preponderantemente amistoso, propiciando qualquer satisfação, transformou-se num acúmulo de riscos iminentes. Havia toda razão para a angústia real diante de qualquer fato novo. A libido sexual, contudo, não perdeu de imediato seus objetos, sabidamente humanos, porém compreende-se que o eu ameaçado na sua existência acabaria desistindo, até certo ponto, do investimento objetal. Mantendo a libido no eu, transformou em angústia real o que antes havia sido libido objetal.*[55]

Pereira assinala que essas ocorrências lançam o ser humano a uma condição de insuficiência muito primitiva, denominada de *Hilflosigkeit*, produzindo dor, depressão e angústia, solicitando assim, junto com a ameaça de extinção, mutações em seu sistema imunológico visando sua sobrevivência.[56]

Em *O mal-estar na civilização* (1930[1929]/1996), cujo título original segundo Strachey seria "A infelicidade da civilização", Freud ressalta o antagonismo irremediável entre as exigências do instinto e as restrições da civilização e introduz a noção de uma "repressão orgânica" que prepara o caminho para a civilização. A depressão seria um estado de corpo angustiado pela catástrofe que produz a perda do objeto primitivo de satisfação e a perda correspondente com a regularidade sexual assegurada, de maneira primitiva, pela sensorialidade.

Assim, segundo Berlinck e Fédida, paralisado pelo congelamento da Terra, com sua sensorialidade reduzida pelo frio e sem poder

55 Freud, S. (1915/1987). *Neuroses de transferência: uma síntese (manuscrito recém-descoberto)*, p. 75.

56 Pereira, M. E. C. (1999). *Pânico e desamparo: um estudo psicanalítico*, p. 36.

reconhecer a fêmea fértil, o ser humano primitivo enfrenta uma situação crítica para sua existência, ficando submetido a um estado de impotência e de desamparo. Para suportar a angústia e a ausência do objeto de satisfação, que o levam a um estado de vazio, o ser humano reage com a insensibilização da sensorialidade e procura um lugar para hibernar. Nas cavernas, onde os humanos passam a representar nas paredes manifestações de sua vida, eles podem então se entregar a um estado letárgico em seu corpo. Porém também podem apresentar uma intensa atividade de busca de um parceiro que lhe dê a sensação de encontrar o objeto perdido. Essa atividade sem fim no deprimido é tomada por uma sensação de vazio, na medida em que percebe que esta ausência do objeto dificilmente será preenchida. Em suma, a depressão pode ser caracterizada como um "estado inanimado do vivo" que ocorre graças à catástrofe glacial e repete-se toda vez que o frio e o gelo dominam certas regiões da Terra e do próprio aparelho psíquico:

> *O aparelho psíquico seria, portanto, a parte do sistema imunológico constituída, no humano, durante a catástrofe glacial. Trata-se de uma organização narcísica do vazio correspondendo à perda do objeto de satisfação, à perda de contato com a regularidade sexual e visando proteger o humano da dor, da própria depressão e da angústia.*
>
> *Esta não é uma estrutura psíquica porque é o estado próprio à estruturação do aparelho psíquico, permitindo dizer que não há estado humano a-depressivo; que a depressão, por ser constitutiva do psiquismo e porque este peculiar aparelho prossegue, continuamente, se constituindo, caracteriza o humano.*
>
> A depressão seria, então, um estado durando o tempo necessário para que o vazio inanimado do vivo se constitua como organização narcísica, e retorna toda

> vez que o psiquismo solicita uma restauração de seu narcisismo. *Como este está constantemente ameaçado, tanto por forças externas como internas, a depressão está invariavelmente presente. O humano, como se sabe, não suporta por muito tempo o contato com a dura realidade, e um dos recursos à sua disposição para se proteger desse contato tão frustrante e ameaçador é a depressão.*
>
> *O aparelho psíquico, a organização narcísica do vazio, é o local onde ocorre, também, a brotação da angústia e da sensorialidade no fim do ciclo hibernal. O psíquico, constituído na íntima dependência do meio ambiente e das cargas condicionadas pela situação vivencial, é o campo do endógeno constituído graças a um complexo de ações reativas diante de ameaças ecossistêmicas.*[57]

O fim desse "ciclo hibernal", se houver condições favoráveis para a ação de Eros, corresponderia a um novo estado psíquico, no qual as manifestações da sensorialidade podem se transformar em sensações cada vez mais vivas e em sonhos. Seria algo como "um estado primaveril do psiquismo",[58] ocorrendo uma alteração na até então condição vegetativo-vital (letargia) para um outro estado no qual a sensorialidade novamente emerge por intermédio de sonhos e fantasias, cercada de afetos, sentimentos e manifestações de erotismo. A esse novo estado denomina-se *depressividade*. Berlinck e Fédida ressaltam que não se sabe ao certo como ocorre essa passagem da depressão para a depressividade, podendo ocorrer de maneira "natural", obedecendo o ritmo do próprio organismo, ou pode ser induzido por antidepressivos.

Chegamos ao sonho de Maya relatado no início deste capítulo.

---

57 Berlinck e Fédida, *op. cit.*, p. 15, grifo nosso.

58 *Ibid.*, p. 17.

Logo após o processo de retirada das medicações antidepressivas – havia recebido alta do acompanhamento psiquiátrico cerca de um mês antes – e em análise há mais de um ano, nessa sessão a paciente trouxe um sonho diferente dos outros narrados desde então. Desde o início do quadro depressivo cerca de três anos antes, tinha sonhos de angústia quase sempre envolvendo o mesmo tema: eram sonhos nos quais ficava "presa" dentro de um hospital, onde sempre algum evento a impedia de ir embora – ora esquecia a bolsa, em outras vezes se perdia, ou era chamada para atuar numa intercorrência interminável...

Nesse dia, Maya, ao longo da sessão, passou a me dizer o quanto percebia que havia mudado. Já conseguia colocar alguns limites em sua família; conseguia perceber quando estava cansada e se permitia descansar. Havia saído do estado de letargia no qual se encontrava no auge do seu estado depressivo. Entretanto, não entendia por que ainda apresentava sonhos tão vívidos, considerando que se sentia melhor. Expliquei-lhe que talvez porque ainda existiam aspectos dentro dela que ela mesma desconhecia, apesar dessa melhora.

Quando, após o relato do sonho, pedi que associasse qual sentido poderia ter, ela me contou que, na sessão anterior, havia reparado que eu usava um colar com um pingente "de um menininho", e que pensou na hora que deveria corresponder ao meu filho. Também contou que lembrou que eu havia comentado que o hospital onde eu trabalhava havia sido fechado e transferido para um lugar mais longe do consultório. Assim, pensou que o sonho pudesse ter relação a essas observações feitas na sessão anterior. Considerei as observações como restos diurnos.

Em *A Interpretação dos sonhos (1900/1996)*, Freud vai construindo, capítulo a capítulo, sua proposição: sonhos são realizações de desejos, inconscientes, infantis, reprimidos. A partir desse sonho, assim, poderemos entender os conflitos inconscientes de Maya que provocavam parte de seu sofrimento.

Durante o processo de análise, a paciente foi deixando cada vez mais claro seu desejo de se livrar do controle do pai; para isso, percebia a necessidade de se tornar financeiramente independente.

Aliado a isso, também relatava diversos conflitos vividos no hospital onde trabalhava. Apesar de ser sempre muito educada e solícita, constantemente via-se humilhada. Antes desse hospital, trabalhara apenas em serviço público e de orientação acadêmica. Entretanto, sempre havia aspirado trabalhar nessa instituição, na qual alcançaria um maior sucesso profissional. Assim, esse hospital de ponta representaria sua chance de se emancipar do pai, a partir do momento em que talvez conseguisse ter ganhos financeiros suficientes para não mais precisar da ajuda financeira dele, o que lhe causava ao mesmo tempo satisfação e culpa, numa ambivalência típica de conflitos neuróticos.

Identificada comigo no sonho – na verdade, ao olharmos mais de perto, era dela o desejo de mudar-se para longe – Maya havia, em certo aspecto, conseguido matar seu pai (*deslocado para a figura de meu marido*). Um desejo infantil inconsciente reprimido.

A paciente apresentava, assim, sentimentos ambivalentes com relação ao pai. Relatava conflitos constantes: como sua mãe, com uma limitação mental desde a infância, era ausente e distante, acabava ficando sob o domínio do pai que, apesar de sempre se considerar o guardião da moral e assíduo frequentador da igreja – o pai *dela* era religioso, e não "meu marido" – tivera diversas amantes. Seu ódio infantil por ter sido "trocada" por diversas mulheres expressava-se pelo desejo de matá-lo no sonho, já que seu pai é que era um homem religioso que necessitaria de uma área para cultos.

Apesar de se referir a mim constantemente como "senhora", ressalto que, na época do atendimento, tínhamos a mesma idade. Provavelmente me colocava transferencialmente em uma posição de autoridade, como alguém mais velha. Devido à condição limitada de sua mãe, quem havia exercido a função materna em sua infância havia sido a avó, por quem nutria sentimentos de ternura e gratidão.

Quanto ao meu filho, apesar de não saber qual a idade dele, no sonho tinha *uns 8 ou 9 anos*; ora, esta idade seria aproximadamente a da *filha dela*.

A essa altura do acompanhamento psicanalítico, Maya conseguira entrar em contato com a culpa que sentia com relação à doença da filha. Seus cuidados excessivos com a menina eram na verdade uma formação reativa diante da culpa de ter sido a causadora de tal enfermidade. Assídua pesquisadora de artigos científicos acerca da doença da filha e depois de consultar os melhores especialistas no assunto, chegara à conclusão de que a malformação congênita da menina poderia ter sido consequência de uma deficiência de uma certa vitamina, que não foi corretamente corrigida antes da gestação. Sentia que havia falhado miseravelmente, o que lhe causara também uma impossibilidade de seguir sua vida longe dos pais. É em *Recordar, repetir e elaborar* (1914), que Freud introduz a noção de neurose de transferência relacionada com a ideia de que o paciente repete na transferência seus conflitos infantis:

> *Contanto que o paciente apresente complacência bastante para respeitar as condições necessárias da análise, alcançamos normalmente sucesso em fornecer a todos os sintomas da moléstia um novo significado transferencial e em substituir sua neurose comum por uma neurose de transferência, da qual pode ser curado pelo trabalho terapêutico.*[59]

O sonho, assim, seria um recado para mim.

---

59 Freud, S. (1914/1996). Recordar, repetir e elaborar (novas recomendações sobre a técnica da psicanálise II), p. 170.

No caso de Maya, acredito que tanto o uso de antidepressivos quanto o processo psicanalítico foram importantes para a melhora do quadro.

O uso prévio de medicações, além de ajudá-la a sair do quadro de letargia no qual se encontrava, também foi importante para que ela percebesse que não seria suficientemente capaz de significar sua angústia, o que a motivou a procurar um acompanhamento psicanalítico. Essa hipótese pode ser ancorada pela própria teoria de Freud acerca dos estados de paralisia encontrados nos seres humanos frente às restrições impostas pelas condições ambientais – que, segundo Berlinck e Fédida, corresponderiam aos quadros depressivos –, que por intermédio de modificações biológicas e filogenéticas permitiriam à nossa espécie uma restauração posterior do narcisismo. Desse modo, uma substância exógena que provocasse alterações químicas no organismo de um indivíduo deprimido poderia interferir na manutenção desse estado.

No entanto, modificações biológicas, como sabemos, não seriam suficientes para abarcar todo o sofrimento que ainda era vivido por Maya e nem explicavam de maneira satisfatória a origem de sua angústia; a análise, nesse caso, conseguiu ajudá-la a elaborar diversos conflitos que a afligiam. No *Compêndio de psiquiatria* de Kaplan, Sadock e Ruiz, os fatores psicodinâmicos e psicossociais (acontecimentos de vida e estresse ambiental) – listados junto com os fatores genéticos, neuroquímicos e hormonais – estão implicados na etiologia dos transtornos de humor.

Em suma, na minha opinião, e conforme visto também nos fragmentos anteriores, as teorias biológicas e as psicanalíticas acerca das causas de um quadro de depressão não são excludentes, e tanto a terapêutica farmacológica quanto a análise contribuíram para a passagem de um estado depressivo para um estado de depressividade, a partir do qual seria possível traçar um caminho para a elaboração de seu sofrimento.

A relação entre a psicofarmacologia e a psicanálise

A partir da apresentação dos fenômenos observados na clínica psicanalítica decorrentes do uso de alguma medicação psicotrópica, retomaremos nossas duas suposições iniciais:

1. As teorias neurobiológicas que sustentam a utilização dos psicofármacos no tratamento dos transtornos mentais atualmente[60] e as teorias psicanalíticas não são necessariamente excludentes, se considerarmos que ambas possuem finalidades, métodos diagnósticos e de investigação diferentes.
2. A relação entre a psicofarmacologia e a psicanálise pode ser de colaboração mútua, na medida em que a utilização de medicações psicotrópicas no contexto psicanalítico demonstrou reduzir os sintomas que poderiam dificultar ou até mesmo impossibilitar o trabalho da análise.

Com a finalidade de corroborarmos essas hipóteses, consideramos interessante voltarmos agora à abordagem adotada ao longo dos anos por Roland Khun – assim como Pierre Fédida o fez em seu artigo *A fala e o pharmakon* (1998) –, ao discorrer sobre o "tratamento psíquico pelo psíquico" e o "tratamento psíquico pelo químico", a psicanálise e a psicofarmacologia, a partir da generalização crescente do uso de psicotrópicos.[61]

A descoberta dos efeitos antidepressivos da imipramina

Psiquiatra suíço, Roland Khun introduziu a imipramina pela primeira vez em 1956 como um agente capaz de modificar o estado de humor de pacientes deprimidos.

60 Vimos no primeiro capítulo que, na verdade, o desenvolvimento das teorias neurobiológicas foi secundário à observação dos efeitos das medicações psicotrópicas nos sintomas dos transtornos mentais.

61 Fédida, P. (1998). A fala e o pharmakon, pp. 29-45.

Como resultado da descoberta e da aplicação clínica da clorpromazina[62] no início da década de 1950, a procura por outros agentes antipsicóticos aumentou consideravelmente. Muitos outros derivados moleculares foram compostos a partir da estrutura clássica dos anti-histamínicos. Um deles, em particular a G22355 (imipramina), derivada da prometazina, foi encaminhada ao médico Roland Khun para ser testada em pacientes psiquiátricos.[63] Embora a imipramina não apresentasse propriedades antipsicóticas nos pacientes com esquizofrenia, Khun observou que ela produzia uma melhora expressiva nos pacientes deprimidos. Descreve ele em seu artigo publicado em 1957:

> *O efeito é expressivo em pacientes com depressão "profunda". O quadro se refere a um estado de lentificação geral no pensar e no agir, associado a fadiga, sensação de cansaço, sensação de opressão, humor melancólico e de desespero; todos esses sintomas são agravados pela manhã e tendem a melhorar no entardecer e ao anoitecer. Apenas pela aparência externa é possível dizer que o humor melhora com o cloridrato de imipramina. Os pacientes acordam por conta própria pela manhã, falam mais rápido e em um tom mais alto, sua expressão facial se torna mais viva. Eles realizam atividades sozinhos, procurando contato novamente com outras pessoas; começam a se entreter uns com os outros, participam de jogos, tornam-se mais alegres e capazes de sorrir.*[64]

---

62 A história da descoberta da clorpromazina encontra-se no Capítulo 1.

63 Roland Khun participava dos ensaios clínicos envolvendo as pesquisas acerca das propriedades antipsicóticas e sedativas dos anti-histamínicos.

64 Khun, R. (1957). The treatment of depressive states with G22355 (Imipramine Hydrochloride), p. 459, tradução nossa.

Khun relata detalhadamente sua pesquisa, realizada em um período de aproximadamente três anos, com cerca de quinhentos pacientes de várias categorias diagnósticas psiquiátricas tratados com o cloridrato de imipramina. Ele encontra melhores respostas terapêuticas nos casos de depressão endógena (a descrição anterior), porém descreve também alguns efeitos em certos casos de neuroses obsessivas, fobias e sintomas histéricos, e apenas efeitos modestos nos quadros de agitação psicomotora nos pacientes com esquizofrenia e depressão secundária a lesões orgânicas cerebrais. Além disso, relata os principais efeitos colaterais, como reações alérgicas e desenvolvimento de quadros de mania, e detalha o tempo de tratamento necessário.

Ao final desse artigo – de grande valor histórico e científico – ele anuncia: "Um importante campo de pesquisa se abre, acessível pela primeira vez através dos recentes desenvolvimentos da psicofarmacologia, *e que trará impacto não apenas nos problemas da psiquiatria, mas também da psicologia, religião e filosofia*".[65]

Posteriormente à sua descoberta da imipramina e em diversas ocasiões – principalmente em uma publicação de 1990 sobre psicofarmacologia e análise existencial –, Khun especificou a dimensão do uso de psicofármacos na clínica psicoterápica. Ele considerava indispensável uma reflexão filosófica por parte do pesquisador clínico na avaliação dos efeitos de uma substância química em um indivíduo, conforme reforça Fédida:

> *"o pesquisador deve fazer de modo que se conjugue o conhecimento neuroquímico de uma substância no seio dos processos vitais de um organismo humano e esta investigação fenomenológica dos sinais e sintomas psíquicos*

65 Khun, *op. cit.*, p. 459, tradução e grifo nosso.

sempre deslocados ou escondidos que são produzidos na história pessoal de uma existência singular".[66]

O "ser psiquicamente doente"

Khun considerava o "ser psiquicamente doente" a ligação entre a psicofarmacologia e a análise existencial, ou seja, o objeto de observação destas duas disciplinas poderia ser encontrado na clínica. Para ele, seria conveniente utilizar a psicoterapia e a psicofarmacologia de maneira conjunta, em uma relação de "reciprocidade efetiva".[67]

Tomaremos como exemplo o caso de melancolia. Heitor, como vimos, havia feito uso de diversas medicações antidepressivas na busca do alívio de seu sofrimento, porém sem sucesso. Seu quadro de angústia, se abordado somente à luz das teorias neurobiológicas, não poderia encontrar um caminho de melhora e consolo. Somente a partir da investigação psicanalítica pudemos entender a causa de seu adoecimento: seu ego, construído de maneira frágil pela deficiência de libidinização de uma mãe deprimida, sofria com os ataques de um superego cruel. Sua ferida narcísica apenas poderia ser minimamente atenuada por intermédio da análise, a partir do fortalecimento do seu ego, auxiliando seu processo de elaboração.

No entanto, o quadro crônico de insônia no decorrer do tratamento psicanalítico acarretava diversos problemas de saúde em seu organismo e dificultava esse seu processo de elaboração, à medida que, ao não dormir, sua capacidade para pensar encontrava-se prejudicada. Por esse motivo decidimos encaminhá-lo para um tratamento psiquiátrico, para a introdução de uma medicação psicotrópica – lembramos que os psicofármacos agem basicamente no sintoma.

---

66 Fédida, *op. cit.*, p. 41.

67 Kuhn, R. (2005). Psicofarmacologia e análise existencial, p. 222. O texto original foi publicado em 1990, na *Revue Internationale de Psychopathologie.*

De qualquer maneira, consideramos que a recuperação mínima de sua condição física veio em auxílio do acompanhamento psicanalítico, na medida que Heitor conseguiu retomar as sessões e, a partir delas, dar continuidade ao seu tratamento.

Nesse caso também podemos compreender o que Fédida denomina "intuição",[68] que deve orientar a prática do clínico. A administração de uma medicação apenas orientada por escalas objetivas[69] e embasadas por uma classificação psicopatológica deficiente[70] pode negligenciar inclusive a reserva terapêutica do medicamento, na medida em que sua aplicação pode ser mal direcionada, partindo de premissas enganosas. Ora, vejamos o caso de Heitor. Diagnosticado pela psiquiatria com "depressão, distimia, TOC...", havia recebido inúmeras medicações antidepressivas que em praticamente nada provocaram melhora dos sintomas trazidos; a indicação de um auxílio medicamentoso vinda da observação psicanalítica, por sua vez, conseguiu "ajudar" na orientação do psicofármaco introduzido (a trazodona foi indicada pelo seu efeito hipnótico, não pelo efeito antidepressivo). Dessa maneira, com relação ao uso de medicamentos, Fédida observa: "esta reserva terapêutica é ainda maior quando a psicoterapia sabe recebê-lo e guiar seu uso".[71]

Tal intuição pode também auxiliar na observação dos fenômenos psicopatológicos. No caso de Heitor, vimos tratar-se de uma melancolia – que provavelmente teria uma pobre resposta terapêutica com a administração de medicações antidepressivas[72] – e não de uma depressão; essa diferenciação só poderia ser realizada utilizando uma

68 Fédida, *op. cit.*, p. 41.

69 Conforme descrito no Capítulo 1, a respeito do estudo da psilocibina *versus* escitalopram.

70 Discutimos a problemática das classificações no DSM também no Capítulo 1.

71 Fédida, *op. cit.*, p. 42, grifo nosso.

72 A discussão sobre a administração de antidepressivos nos quadros de melancolia, assim como sua diferenciação dos quadros de depressão, foi abordada anteriormente neste capítulo nos fragmentos da análise de um caso de melancolia.

teoria que pudesse abarcar os aspectos subjetivos e implícitos da vida de um indivíduo.

Entendemos, porém, que esse ponto deve ser visto com cautela. Não pretendemos dizer que, caso se tratasse de uma depressão, a administração de uma medicação psicotrópica teria sido suficiente para a melhora do paciente. Para reforçar, basta retomarmos os fragmentos da análise de um caso de depressão. Maya estava em uso de diversas medicações psicotrópicas combinadas e em doses consideráveis para o tratamento de sua condição; o quadro inicial relatado por ela dois anos antes do início da análise se assemelhava aos quadros de depressão endógena descritos por Khun na época da descoberta da imipramina. Apesar de referir melhora do seu estado de letargia, insônia e inapetência, a paciente ainda sofria com diversos outros sintomas – como o medo de hospital e a constante sensação de angústia – que a impediam de retomar uma vida mais satisfatória, procurando assim o acompanhamento psicanalítico ao perceber que apenas o uso de medicações não poderia ajudá-la em sua recuperação.

O próprio Édouard Zarifian que, como dissemos,[73] configura um dos adeptos da psiquiatria biológica, pontua que os transtornos psíquicos pertencem ao subjetivo, no qual a fronteira entre o normal e o patológico dependem de uma avaliação pessoal: o limite entre o tolerável e o intolerável e as frustrações da existência estão ligados aos aspectos sociais e culturais. Em seu artigo sobre os psicofármacos, intitulado *Os limites de uma conquista* (1995), ele ressalta que uma medicação psicotrópica não ataca as causas dos transtornos psíquicos; elas tratam os sintomas. Os distúrbios psíquicos envolvem a avaliação de três dimensões – uma vulnerabilidade geneticamente determinada, uma psíquica e outra sociocultural – e que, dessa maneira, nenhuma abordagem terapêutica deve ser excluída. A pesquisa biológica concentra seus esforços na procura de genes que levam a

73 No início do Capítulo 1.

alterações neurobiológicas; entretanto, Zarifian admite que – como o próprio título do artigo sugere – "o gene do mal-estar existencial será muito mais difícil de encontrar".[74]

Nesse mesmo sentido, Georges Canguilhem, em *O normal e o patológico* (1966), ressalta que não se pode qualificar como patológico um determinado fenômeno biológico com base apenas em um método objetivo de avaliação. A justificativa do que é ou não patológico, por intermédio da clínica, depende da relação desse determinado fenômeno com o indivíduo doente. Apesar de admitir a importância dos métodos objetivos de observação e de análise na patologia, Canguilhem afirma que não se pode falar em uma "patologia objetiva", considerando que seu objeto de estudo, o ser humano, não é desprovido de subjetividade. Uma pesquisa que visa a um objeto construído sem uma qualificação positiva ou negativa poderia ser objetiva e imparcial; no entanto, quando este objeto depende de um *valor*,[75] ou seja, quando está implicado o subjetivo na constituição de um fenômeno, essa objetividade na avaliação dificilmente poderá ser considerada: "Portanto, existe medicina, em primeiro lugar, porque os homens se sentem doentes. É apenas em segundo lugar que os homens, pelo fato de existir uma medicina, sabem em que consiste sua doença".[76]

Assim, foi a partir da análise que Maya conseguiu compreender a causa de seus sintomas: seu "medo de hospital", até então incompreensível, representava o conflito em querer se desvincular do seu pai – uma típica ambivalência edípica –, que ela pôde expressar durante a análise. Seu sonho, descrito logo no início dos fragmentos, já trazia diversos elementos dos quais trata a psicanálise: o processo primário, o complexo de Édipo, a transferência. Ao longo do acompanhamento psicanalítico, foi possível ressignificar e elaborar sua

74 Zarifian, É. (1997). Os limites de uma conquista, p. 39.
75 A questão do *valor* no campo das ciências biológicas foi abordada no Capítulo 2.
76 Canguilhem, G. (1966/2001). *O normal e o patológico*, p. 166.

angústia. Maya já não mais precisava fazer uso das medicações psicotrópicas: a análise era "seu remédio".

O "tratamento psíquico pelo psíquico"

Entendemos que esse fato pode se referir ao "tratamento do psíquico pelo psíquico", abordado por Fédida no artigo mencionado no início deste texto. A expressão "tratamento psíquico" é retirada de um artigo publicado por Freud em 1890, *Tratamento psíquico (tratamento de alma)*,[77] no qual ele ressalta que as palavras são o instrumento essencial do tratamento psíquico, mostrando a influência do psíquico sobre o corpo. Começa Freud em seu artigo:

> *"Psyche" é uma palavra grega e se concebe, na tradução alemã, como alma. Tratamento psíquico significa, portanto, tratamento anímico. Assim, poder-se-ia pensar que o significado subjacente é: tratamento dos fenômenos patológicos da vida anímica. Mas não é este o sentido dessas palavras. "Tratamento psíquico" quer dizer, antes, tratamento que parte da alma, tratamento – seja de perturbações anímicas ou físicas – por meios que atuam, em primeiro lugar e de maneira direta, sobre o que é anímico no ser humano.*
>
> *Um desses meios é sobretudo a palavra, e as palavras são também a ferramenta essencial do tratamento anímico. O leigo por certo achará difícil compreender que as*

77 Esse artigo datava de 1905, uma vez que só se examinara a edição de 1905 de *Die Gesundheit* (uma obra coletiva de caráter semipopular sobre a medicina, em dois volumes, tendo muitos colaboradores), no qual foi publicado. Sabe-se agora que, na verdade, essa era a terceira edição, embora os organizadores do trabalho tenham deixado de fornecer tal indicação. A primeira edição de *Die Gesundheit*, no entanto, teve sua publicação em 1890.

> *perturbações patológicas do corpo e da alma possam ser eliminadas através de "meras" palavras. Achará que lhe estão pedindo para acreditar em bruxarias. E não estará tão errado assim: as palavras de nossa fala cotidiana não passam de magia mais atenuada. Mas será preciso tomarmos um caminho indireto para tornar compreensível o modo como a ciência é empregada para restituir às palavras pelo menos parte de seu antigo poder mágico.*[78]

O artigo se ocupa do hipnotismo – e talvez sobre uma referência imprecisa do método catártico –, partindo da descrição das técnicas de tratamento dos médicos da antiguidade, baseadas na administração de poções mágicas, banhos purificadores e invocação de sonhos reveladores e oculares, que apenas poderiam ter se tornado curativos por via psíquica.

Freud inicialmente utilizava a sugestão e a hipnose para modificar os processos psíquicos do doente, na tentativa de remover o sintoma. No entanto, ele abandonou a hipnose em favor da livre associação, pois percebera que a hipnose constituía apenas um meio de introduzir a rememoração para a cura. Além disso, não trabalhava as defesas que haviam levado ao aparecimento dos sintomas, fato observado no pronto retorno destes após encerrada a sugestão hipnótica. Posteriormente, Freud percebe que a defesa não é consciente, adicionando a noção de uma porção inconsciente ao ego: tratava-se de dissolver um conflito psíquico que não havia sido resolvido e por isto foi colocado no inconsciente ou nunca chegou a se tornar consciente. A partir da observação dos fenômenos da histeria, ele considera que um evento traumático anterior teria abalado a saúde do aparelho psíquico. A esse respeito, Paula Regina Peron acrescenta:

78 Freud, S. (1905/1996). Tratamento psíquico (ou anímico), p. 271.

> *A saúde teria sido abalada por este corpo estranho (trauma) ao aparelho psíquico. Somente por meio da ligação e transformação dessa representação em memória o sintoma desaparecerá, e a representação voltará à consciência e à cadeia de representações conscientes. A fala, na situação analítica, permitirá a diminuição da força hostil da representação e das medidas defensivas do ego, e a catarse assume, nessa época, o papel de principal instrumento da cura.*[79]

Segundo Peron, ao longo de sua obra, ao perceber que apenas a fala na situação analítica também não seria o suficiente para a cura do paciente, Freud introduz a necessidade da interpretação, "a restituição do sujeito de sua história subjetiva e não apenas de sua história material".[80] O analista agiria como um arqueólogo – tal analogia pode ser vista em *Construções em análise* (1937) – que teria a tarefa de escavar as camadas que esconderiam as estruturas soterradas, ou seja, o analista retira as resistências e o recalque que encobrem os conteúdos sexuais infantis, até que se tornem conscientes.

A tarefa do trabalho da análise dependeria do material colocado pelo paciente à disposição do analista, para que ele possa fazer uso e guiá-lo "no caminho da recuperação das lembranças perdidas". Esse material consiste em muitos elementos: fragmentos de lembranças em seus sonhos – de grande valor, mas via de regra deformados –, a associação livre, as ações desempenhadas pelo paciente que sugerem repetições dos afetos pertencentes ao material reprimido... O mais importante desses elementos, ressalta Freud, é a transferência: "Nossa experiência demonstrou que a relação de transferência, que se estabelece com o analista, é especificamente calculada para favorecer

79 Peron, P. R. (2004). Da sugestão à análise da transferência: a noção de cura psicanalítica no início da obra freudiana, p. 42.

80 *Ibid.*, p. 46.

o retorno dessas conexões emocionais. É dessa matéria-prima – se assim podemos descrevê-la – que temos que reunir aquilo de que estamos à procura".[81]

Fédida pontua que é *do interior* do paciente – que se denomina psíquico – que se forma a interpretação na fala do terapeuta, em um movimento que repercute na relação analista-analisando. Para que isso ocorra, pressupõe-se que a presença em si do analista não possibilite o encobrimento do sintoma a partir de uma associação sugestiva externa; o analista deve ser "transparente como o ar",[82] favorecendo a transferência. A partir dela, a figura do analista poderia ser interiorizada pelo paciente, junto com as suas interpretações, na medida necessária para que mudanças psíquicas favoráveis possam acontecer.

Nesse sentido, poderíamos também pensar no papel da transferência na relação médico-paciente na vigência da administração de um psicofármaco e no impacto disso em seus efeitos terapêuticos: "E se precisasse aqui ser mais audacioso no espírito da pesquisa clínica, ousar-se-ia a hipótese de que a molécula química não adquire a plena capacidade de sua inteligência senão graças à magia psíquica das palavras!".[83]

Consideramos o efeito placebo das medicações psicotrópicas um bom exemplo do que foi visto. Comprovou-se há muito tempo que substâncias farmacologicamente inativas podem produzir efeitos clínicos significativos.

O efeito placebo

A necessidade de comparar o efeito do placebo com o do medicamento considerado ativo é evidente quando este medicamento é destinado ao tratamento de um distúrbio subjetivo – as medicações psicotrópicas

81 Freud, S. (1937/1996). Construções em análise, p. 276.

82 Fédida, *op. cit.*, p. 36.

83 *Ibid.*, p. 42, grifo do original.

foram, portanto, testadas dessa maneira. Diversos trabalhos mostram que o efeito placebo existe, mas que ele não explica tudo.

Vimos, no estudo da psilocibina e do escitalopram no primeiro capítulo, que algumas ferramentas metodológicas são utilizadas nas pesquisas em psiquiatria na tentativa de desarticular o efeito placebo do efeito neuroquímico direto de uma substância, exatamente por reconhecer os impactos do efeito placebo na administração das medicações psicotrópicas. Uma delas é o estudo duplo-cego, no qual nem o pesquisador nem o paciente sabem se está sendo administrado o medicamento ou o placebo; esse ambiente artificialmente criado teria a finalidade de tentar excluir o efeito da sugestão na ação de um fármaco.

Mas a questão principal não é somente indagar se existe uma ação específica dos psicofármacos, mas de entender sobre qual maneira elas modificam julgamentos e ações. Dentro desse questionamento existe também a ação do placebo: como uma substância inerte, desprovida de moléculas ativas, pode agir sobre esses mesmos julgamentos e sentimentos – esse efeito placebo teria a mesma natureza do efeito medicamentoso?

O efeito placebo não é uma invenção – assim como o efeito das poções mágicas dos médicos da antiguidade – e nota-se que geralmente seu efeito é ainda mais marcante se a relação entre o médico e o paciente for positiva. Entretanto, é possível observar que ele obedece, em muitos aspectos, as mesmas características que a ação específica de um medicamento psicotrópico. O efeito placebo pode ser semelhante ao efeito provocado por uma medicação farmacologicamente ativa do ponto de vista qualitativo; a diferença muitas vezes pode ser meramente quantitativa, ou seja, o impacto da utilização de um placebo pode ser menos efetivo na redução do sintoma se comparado a um medicamento ativo.

Com essas considerações prévias, no entanto, não pretendemos menosprezar os efeitos das medicações psicotrópicas. Se por um lado, no caso de muitos transtornos psiquiátricos, incluindo depressão, de leve a moderada, e de alguns transtornos de ansiedade, uma quantidade superior a 30% dos pacientes podem exibir uma melhora significativa ou remissão dos sintomas com o placebo, por outro, para outras doenças, como a esquizofrenia, a mania e a depressão psicótica, o índice de resposta ao placebo é bastante baixo.

Nos fragmentos da análise de um caso de delírio de perseguição, por exemplo, a administração de uma medicação antipsicótica no auge do quadro de paranoia foi, em nossa opinião, fundamental para o início da análise. Pouco poderemos dizer sobre a relação médico-paciente estabelecida no momento da introdução da medicação, mas, assim como observado por Delay e Deniker, o efeito direto dessa substância contribuiu para o arrefecimento dos sintomas persecutórios.

Lembramos que Thomas, devido ao seu quadro persecutório, sentindo-se potencialmente ameaçado, não conseguia sequer sair de casa; como poderia procurar a análise? E supondo que eventualmente conseguisse, nos questionamos sobre a possibilidade do estabelecimento de uma relação transferencial analista-analisando minimamente favorável – vimos que, no início da análise, mesmo após a melhora parcial dos sintomas de persecutoriedade com a introdução prévia de uma medicação antipsicótica, o paciente ainda se mostrava desconfiado. Sua angústia persecutória, também na relação analítica, ficava clara nos longos períodos de silêncio que permeavam nossas primeiras sessões e sua dificuldade em fazer associações livres ou trazer outros conteúdos não relacionados ao quadro de paranoia.

Ao longo da análise, entretanto, essas questões transferenciais puderam ser trabalhadas: o paciente foi aos poucos se sentindo cada vez mais confortável em trazer outros assuntos não relacionados ao quadro de persecutoriedade – o processo analítico permitiu que diversos temas surgissem. Thomas conseguiu inclusive trazer em sessão o relato de um sonho, bastante pertinente ao quadro de paranoia por ele vivido.

Também nos fragmentos da análise de um caso de pânico, pudemos observar o impacto da introdução de uma medicação psicotrópica a despeito de um possível efeito de "sugestão". Davi já estava há mais de um ano em análise; já conseguira elaborar diversas questões que o incomodavam, como sua identificação com o pai a quem considerava infeliz, angustiado assim por desejar seguir um caminho diferente do dele. No entanto, a morte do pai durante o curso da análise fez com que o paciente experimentasse uma profunda sensação de desamparo: ao ver-se diante de uma potencial ameaça, na ausência de um "ser onipotente" que anteriormente "garantia" sua segurança perante os perigos da vida, apenas pôde encontrar como saída a instalação do quadro de pânico.

Instalado o sintoma, sua resistência ao tratamento psicanalítico aumenta, inclusive o impedindo de comparecer às sessões – lembramos que contratransferencialmente sentíamos que também poderíamos simbolizar uma ameaça, na medida em que passou a evitar todos que pudessem lembrá-lo do contrato financeiro equivocado (o potencial perigo em suas fantasias). Acreditamos que o encaminhamento para o acompanhamento psiquiátrico e a consequente introdução de uma medicação antidepressiva, com melhora dos sintomas de pânico – as medicações psicotrópicas visam à redução dos sintomas –, auxiliaram o retorno de Davi ao *setting* psicanalítico e continuidade da análise que, por sua vez, o ajudaria a encontrar vias de elaboração para o seu sentimento de desamparo, em vez de "descarregar" no corpo seus conflitos e angústias. O efeito terapêutico da medicação antidepressiva nos sintomas ansiosos provavelmente não ocorreu apenas por um possível efeito de sugestão, já que vimos que o paciente relatava claramente não depositar na medicação nenhuma solução mágica para seu sofrimento, mas percebia o impacto desta nos sintomas que o paralisavam.

O impacto das medicações psicotrópicas nos sintomas

Assim como observado por Donald Klein,[84] as medicações antidepressivas provocavam melhora nos quadros de ansiedade. No final da década de 1950, Klein participava dos estudos que envolviam as descobertas europeias das ações antipsicóticas da clorpromazina. Os medicamentos que controlavam esses sintomas psicóticos eram conhecidos como "tranquilizantes maiores", na medida em que controlavam as angústias psicóticas. Como a imipramina tinha a estrutura molecular muito semelhante à clorpromazina,[85] e partindo do pressuposto de que ela também teria um efeito tranquilizante, Klein resolveu testá-la em um grupo de pacientes que apresentavam quadro intenso de ansiedade e agorafobia.

Klein descobriu por acaso, em 1959, que a imipramina bloqueava o ataque de pânico aparentemente espontâneo em pacientes que não tinham quadros depressivos, mais tarde considerados também agorafóbicos. Posteriormente, verificou-se que essas drogas chamadas então de "antipânico" bloqueavam inclusive os ataques induzidos pelo lactato,[86] embora os benzodiazepínicos não o fizessem. Além disso, os pacientes com transtorno do pânico de início precoce tinham muitas vezes uma história de grave distúrbio de ansiedade de separação, quase sempre se manifestando por fobia escolar. Uma série de ataques

84 Professor de psiquiatria da Universidade de Columbia, em Nova York, EUA, Klein descobriu os efeitos terapêuticos da imipramina nos quadros de pânico em 1959, assim como participou da formulação do transtorno de pânico e agorafobia.

85 A história da descoberta da clorpromazina foi descrita no Capítulo 1; a história da descoberta dos efeitos antidepressivos da imipramina por Roland Khun foi abordada no início do Capítulo 3.

86 O uso de substâncias indutoras de pânico nos estudos sobre este transtorno foi mencionado nos fragmentos da análise de um caso de pânico.

após a puberdade provocava um quadro crônico de angústia, marcada principalmente pela antecipação temerosa de que um novo ataque poderia culminar em consequências mais graves, como a morte ou a loucura; assim, passavam a evitar situações nas quais acreditavam não conseguir ajuda caso sofressem nova crise.[87]

Assim, com relação à eficácia terapêutica das medicações psicotrópicas, consideramos improvável que fosse decorrente apenas da sugestão, reforçando o fato de que elas provocam impactos nos sintomas observados também por suas ações biológicas. Os psiquiatras, antes do advento da psicofarmacologia, não estavam totalmente sem recursos, e mesmo assim não obtinham um sucesso terapêutico considerável na redução dos sintomas nos quadros graves fazendo uso dos métodos utilizados previamente. Além disso, conforme descrevemos, a descoberta dos psicofármacos – da ação antipsicótica da clorpromazina por Laborit, Delay e Deniker, dos efeitos antidepressivos da imipramina por Khun e dos efeitos ansiolíticos também da imipramina por Klein – foi acidental, ou seja, algo semelhante a um estudo duplo-cego: nem o pesquisador nem o paciente sabem do que se trata exatamente a substância administrada.

Dessa maneira, considerando que as medicações psicotrópicas, ao provocarem alterações neuroquímicas, ou seja, ao incidirem sobre processos biológicos, agem principalmente nos sintomas – o delírio de perseguição no caso de paranoia, a insônia no caso da melancolia, os ataques de pânico e o quadro de letargia no caso de depressão –, entendemos a necessidade de retomarmos *do que se tratam estes sintomas* na teoria psicanalítica, a fim de articular a psicofarmacologia com a psicanálise.

87 Klein, D. F. (2012). Desenvolvimentos do pânico.

O sintoma na metapsicologia

Em *Inibição, sintoma e angústia* (1926), Freud postula que o sintoma resulta de um processo de defesa contra a angústia, por obra da repressão: "Aqui é a angústia que gera a repressão, e não, como julguei anteriormente, a repressão que gera a angústia".[88]

A angústia, por sua vez, é uma reação a uma situação de perigo; ela é remediada pelo ego, que faz algo para evitar essa situação ou para afastar-se dela. Pode-se considerar que se criam sintomas de modo a evitar a geração de angústia, ou seja, "os sintomas são criados a fim de evitar uma situação de perigo cuja presença foi sinalizada pela geração de angústia".[89]

Desde o início, Freud insistiu na estreita relação entre a angústia e os perigos externos e perigos instintuais. O determinante fundamental da angústia é a ocorrência de uma situação traumática, e a base disto seria uma experiência de desamparo por parte do ego diante de um acúmulo de excitação, seja de origem externa ou interna, com o qual não consegue lidar. A angústia como um sinal é a resposta do ego à ameaça de ocorrência de uma situação traumática: tal ameaça constitui uma situação de perigo. Os perigos internos se modificam com o período de vida, mas possuem uma característica comum: a perda de um objeto.

Vimos nos fragmentos da análise de um caso de pânico que a angústia é um estado especial de desprazer com atos de descarga ao longo de trilhas específicas, sugerindo a presença de um fator histórico que une firmemente as sensações de angústia e suas inervações. Em outras palavras, um estado de angústia é a reprodução de alguma experiência que implicava nas condições necessárias para tal aumento de excitação – o desprazer – e uma descarga por trilhas específicas.

---

88 Freud, S. (1926/2010). *Inibição, sintoma e angústia*, p. 43.

89 *Ibid.*, p. 68, grifo nosso.

No homem, essa experiência prototípica se refere ao trauma do nascimento, sendo os estados de angústia posteriores uma reprodução dele.

No ato do nascimento, o perigo diante do desamparo biológico do bebê está associado à perda da mãe, ou seja, é a perda da mãe – a perda do objeto – que agora constitui o perigo, e a criança dá o sinal de angústia, antes que a "temida situação econômica" se estabeleça: "a angústia revela-se produto do desamparo psíquico do bebê, que é a contrapartida evidente de seu desamparo biológico".[90]

Essa "temida situação econômica" se refere a estímulos que se originam continuamente dentro do organismo e alcançam a mente, impondo uma exigência de trabalho ao psíquico, denominados por Freud de pulsões. Suas principais características determinam sua natureza: sua origem em fontes de estimulação dentro do organismo e seu aparecimento como uma força constante. Por esse motivo, esses estímulos atuam diretamente sobre a mente como *representantes psíquicos das forças orgânicas.*

A finalidade de uma pulsão é sempre a satisfação, que só pode ser obtida eliminando-se o estado de estimulação na fonte do estímulo por diferentes caminhos. Esses estímulos persistem apesar da ação muscular descarregar uma parte deles para o exterior e a despeito de qualquer ação de fuga, considerando que sua pressão é constante e se origina de dentro do organismo. Sua fonte compreende o processo somático que ocorre num órgão ou numa parte do corpo, e cujo estímulo é representado na vida mental por uma pulsão, sendo sua natureza desconhecida:

> Não se sabe se tal processo é normalmente de natureza química ou se pode corresponder também à liberação de outras forças, mecânicas, por exemplo. *O estudo das fontes dos instintos já não pertence à psicologia;*

90 *Ibid.*, p. 80.

> *embora a procedência a partir da fonte somática seja o mais decisivo para o instinto, na psique nós o conhecemos tão só através de suas metas.*[91]

Em suma, vimos de maneira resumida a estrutura do sintoma na teoria psicanalítica e sua relação com os aspectos biológicos. A questão, entretanto, é saber como exatamente se articulam, ou seja, de que maneira uma substância psicotrópica, ao incidir sobre o biológico, poderia produzir alterações psíquicas? De que forma uma alteração dopaminérgica poderia provocar um quadro de delírio de perseguição? Ou como uma disfunção nos sistemas serotoninérgico e noradrenérgico poderia provocar sintomas depressivos ou ataques de pânico?

Segundo Fédida, nessa lacuna entre o biológico e o psíquico se faz necessária uma teoria assentada sobre uma clínica psicopatológica adequada, na tentativa de esclarecer esse dilema:

> *É desta separação entre o plano da consciência e o cérebro que procede uma demanda teórica apoiada sobre uma clínica psicopatológica. Sem esta e, portanto, sem a consideração do sintoma, é muito provável que se continue preso a um impasse, que é, justamente, evitado pela metapsicologia freudiana, da qual se sabe, no entanto, em nada negligenciar ao recurso dos dados filo e ontogenéticos inspirados das ciências do ser vivo. A noção de psicotrópico deveria aqui ser tomada literalmente em sua acepção de orientação do psíquico sob a influência de uma substância química que age eletivamente sobre determinados receptores.*[92]

---

91 Freud, S. (1915/2010). As pulsões e seus destinos, p. 60, grifo nosso.

92 Fédida, *op. cit.*, p. 53.

Entendemos, assim, que a natureza desconhecida dos processos implicados na passagem do somático para o psíquico não impossibilita o estabelecimento de uma relação de colaboração mútua entre a psicanálise e a psicofarmacologia. Pelo contrário, exatamente por considerarmos esse hiato entre a mente e o cérebro, entendemos que uma abordagem conjunta *em certos casos e em determinados momentos* poderia ser favorável para o indivíduo que eventualmente precise de ajuda no sentido de aliviar e ressignificar seu sofrimento.

O lugar da psicofarmacologia na psicanálise

Considerando nossas suposições iniciais, vimos que o uso de uma medicação psicotrópica em algum momento ao longo do processo analítico, nos quatro fragmentos de análise apresentados, não alterou a estrutura psicopatológica psicanalítica observada. Tanto no quadro de paranoia, de melancolia e nos dois casos de neurose, o impacto do uso de um psicofármaco incidiu principalmente sobre o sintoma.

A explicação da etiologia do mesmo fenômeno observado pelo viés da neurobiologia e pela teoria psicanalítica não necessariamente se contradizem: por exemplo, um quadro depressivo em uma paciente neurótica pode ter sido provocado por alterações no sistema serotoninérgico e, ao mesmo tempo, por mecanismos de repressão secundários a conflitos edípicos, ou um quadro de paranoia pode estar associado a uma desregulação do sistema dopaminérgico e ser secundário a um mecanismo de projeção em uma patologia narcísica.[93] São teorias diferentes, com métodos de investigação e diagnóstico diferentes, que visam a objetivos diferentes.

---

93 Não pretendemos estabelecer nenhuma relação causal entre as duas teorias, ou seja, que um conflito neurótico levou a alterações neurobiológicas ou vice-versa. Apenas demonstramos que as teorias acerca de um mesmo fenômeno clínico não são necessariamente excludentes.

Partindo da nossa suposição, de que a relação entre a psicofarmacologia e a psicanálise pode ser de colaboração mútua, demonstramos, a partir da observação clínica, que a introdução de uma medicação psicotrópica veio auxiliar o processo analítico, ao abrandar os sintomas que poderiam aumentar ou até mesmo impossibilitar o trabalho da análise.

Nesse sentido, poderíamos até mesmo inferir o que foi dito por Freud acerca das relações entre a psiquiatria e a psicanálise nas *Conferências Introdutórias de 1916-17*, sobre uma possível relação de colaboração mútua entre ambas:

> *A psicanálise relaciona-se com a psiquiatria aproximadamente como a histologia se relaciona com a anatomia: Uma estuda as formas externas dos órgãos, a outra estuda sua estruturação em tecidos e células.* Não é fácil imaginar uma contradição entre essas duas espécies de estudo, sendo um a continuação do outro.[94]

Mezan assinala que não há incompatibilidade alguma entre a psicanálise e as descobertas em neurociências; pelo contrário, as drogas antipsicóticas e antidepressivas podem ser de grande valia para ajudar a criar as condições necessárias para a análise. É evidente que um certo nível de angústia é indispensável para a manutenção do trabalho analítico e Freud reconheceu que é necessário não "ceder à tentação"[95] de suprimir por completo qualquer sofrimento psíquico do paciente; mas, também um estado permanente e intenso de angústia não permite qualquer intervenção psicanalítica, na medida em que seria impossível a alguém nesta situação ouvir o outro ou a si mesmo.

---

94 Freud, S. (1916-1917/1996). Conferências introdutórias sobre psicanálise. Conferência XVI: psicanálise e psiquiatria, p. 262, grifo nosso.

95 Mezan, R. (1995). Psicanálise e neurociências: uma questão mal colocada, p. 274.

Entendemos que, nesse contexto, ao não se suprimir por completo o sofrimento psíquico de um indivíduo, podem surgir questionamentos acerca da utilização dos psicofármacos concomitantemente ao tratamento psicanalítico. Lembramos que a finalidade da psiquiatria e das especialidades médicas de maneira geral se concentra na redução do sintoma, o que, por sua vez, poderia prejudicar o andamento favorável do processo da análise, considerando que uma diminuição demasiada da angústia poderia encobrir os demais aspectos subjetivos do indivíduo, algo como uma "anestesia psíquica".

Da mesma maneira, não desconsideramos as críticas que podem surgir com relação ao uso indiscriminado dos psicofármacos, não apenas no tratamento dos distúrbios mentais, mas em diversas reações, sentimentos e comportamentos simplesmente humanos. Nesse sentido, Elisabeth Roudinesco pontua que a tentativa de eliminar o sintoma se associa a uma suposta normalização do sujeito, partindo do pressuposto de que nenhum indivíduo tem o direito de manifestar seu sofrimento ou de se entusiasmar com seus ideais. Seus sentimentos acabam sendo submetidos a uma exigência inatingível de manter a "moral humanitária e o pacifismo",[96] o que culmina em uma exacerbação de seu estado de infelicidade, por não se considerar normal ao perceber-se com sentimentos humanos, como o ódio, as paixões e a angústia, afastando-o assim de sua subjetividade:

> *Sabemos que a invenção freudiana de uma nova imagem da psique pressupôs a existência de um sujeito capaz de internalizar as proibições. Imerso no consciente e dilacerado por uma consciência pesada, esse sujeito, entregue a suas pulsões pela morte de Deus, está sempre em guerra consigo mesmo. Daí decorre a concepção freudiana de*

96 Roudinesco, E. (2000). *Por que a psicanálise?* p. 16.

> *neurose, centrada na discórdia, na angústia, na culpa e nos distúrbios da sexualidade.*[97]

Exatamente nesse ponto entendemos a proposta de Khun, de que seria favorável utilizar uma teoria que permitisse uma compreensão mais exata das estruturas psicopatológicas essenciais – como a psicanálise – nas indicações terapêuticas das medicações psicotrópicas.

Por fim, no intuito de estabelecer um lugar para a psicofarmacologia na psicanálise, nos fragmentos clínicos de análise apresentados demonstramos situações nas quais o uso concomitante de ambos os métodos foi de colaboração efetiva, na medida em que foi possível reconhecer cada um deles em sua especificidade. A administração de uma medicação psicotrópica no contexto psicanalítico – em um certo momento, em uma certa dose – auxiliou o andamento do processo da análise.

Ressaltamos que as reflexões apresentadas até aqui foram conduzidas primordialmente pelo método psicanalítico – e devemos a ele o caráter essencial da nossa investigação psicopatológica. Nesse mesmo sentido, entendemos a necessidade do reconhecimento, por parte da psicanálise, dos efeitos de uma medicação psicotrópica que, quando guiada por uma observação psicopatológica rigorosa, poderá servir de apoio para sua própria clínica.

---

97 *Ibid.*, p. 18 e 19.

Conclusão

No início do livro, apresentamos a psicofarmacologia e a psiquiatria contemporânea, assim como a relação estabelecida entre elas. Notadamente, a descoberta acidental dos efeitos antipsicóticos da clorpromazina em 1952 permitiu a elaboração das teorias biológicas que explicavam a etiologia dos transtornos mentais. A partir das pesquisas acerca dos mecanismos de ação dessas substâncias e da observação de que elas interferem na distribuição dos neurotransmissores no sistema nervoso, foi possível confirmar a ideia de que uma doença mental poderia ser decorrente de alterações na neurotransmissão.

Concomitantemente a essas descobertas, a partir da década de 1950, a ampliação dos conhecimentos acerca dos mecanismos de neurotransmissão química possibilitou a síntese sucessiva de novos compostos para o tratamento dos transtornos mentais, buscando cada vez mais substâncias que apresentassem uma maior eficácia terapêutica e uma menor possibilidade de provocar efeitos colaterais.

A psiquiatria, por sua vez, que até então possuía poucos recursos terapêuticos, com sistemas de classificação diagnóstica aleatórios e hipóteses etiológicas insuficientes e inconsistentes para os transtornos mentais, acabou se voltando para as neurociências, o que em tese permitiria que ela se aproximasse das demais especialidades médicas. A psicofarmacologia se tornou seu principal instrumento terapêutico, culminando na criação de sistemas diagnósticos baseados em agrupamentos de entidades clínicas, que basicamente direcionavam a prescrição de um psicofármaco. Entretanto, ao alicerçar suas teorias predominantemente em pressupostos neurobiológicos, a psiquiatria acabou se afastando de outras ciências que se ocupam do sofrimento humano, como a psicanálise.

Surge, assim, a necessidade de estabelecermos uma relação entre a neurobiologia e a psicanálise no intuito de alcançarmos nosso objetivo. Encontramos, entretanto, um impasse de difícil solução nesse caminho: os métodos objetivos de observação e análise das neurociências não são capazes de explicar os fenômenos da subjetividade humana, considerando que, para isto, se faz necessário o conceito de *valor,* ou seja, os sentimentos de cada pessoa em cada experiência vivida são extremamente individuais, entrelaçados à sua história de vida e ao seu contexto sociocultural. Lembramos que esse foi exatamente o motivo pelo qual Freud rompeu com as teorias neurocientíficas de sua época – mais especificamente, a dificuldade em estabelecer um estatuto biológico para a *consciência* – levando-o a elaborar uma teoria à parte, na qual os fenômenos observados em sua clínica pudessem ser mais bem elucidados.

Apesar de terem métodos de investigação diferentes – objetivos nas neurociências e subjetivos na psicanálise –, entendemos que a observação clínica poderia ser um campo no qual as duas áreas inevitavelmente se encontram, considerando que ambas almejam conhecer e assistir o "ser psiquicamente doente", denominado por Roland Khun.

Decidimos, dessa maneira, sustentar nossas suposições na clínica.

A partir de fragmentos clínicos de análise de pacientes que receberam concomitantemente alguma medicação psicotrópica em algum momento da análise, decidimos colocar as teorias neurobiológicas – que sustentam a utilização de psicofármacos atualmente – e as teorias metapsicológicas lado a lado, na tentativa de explicar o mesmo fenômeno observado e compará-las. Demonstramos que elas não são necessariamente excludentes: o estabelecimento do lugar da psicofarmacologia na psicanálise apenas seria possível partindo do pressuposto de que uma teoria não excluísse completamente a outra.

Notamos, nos fragmentos de análise apresentados, que a administração de um psicotrópico foi favorável ao acompanhamento psicanalítico, na medida em que também foi acompanhada por uma observação psicopatológica fundamentada pelo método psicanalítico. Isso reforça tanto a necessidade para a psicofarmacologia de estar refletida em uma abordagem que considere os aspectos subjetivos do indivíduo, quanto a necessidade da psicanálise de reconhecer as alterações que estas medicações induzem.

Assentadas essas premissas, surgem outras questões a serem respondidas: de que maneira exatamente uma medicação que incide sobre mecanismos biológicos poderia provocar alterações psíquicas? Apesar dos mistérios existentes na relação entre o físico e o psíquico, como seria possível negar a influência de um sobre o outro?

Essas, no entanto, são perguntas ainda por elucidar.

Referências

Ban, T. A. (2007). Fifty years chlorpromazine: a historical perspective. *Neuropsychiatric Disease and Treatment*, *3*(4), 495.

Bogochvol, A. (1997). Algumas reflexões sobre a psiquiatria biológica. In M. T. Berlinck (Redação) *Boletim de Novidades da Livraria Pulsional*. Escuta, *X*(99), jul.

Bogochvol, A. (2001). Sobre a psicofarmacologia. In M. C. R. Magalhães (Org.), *Psicofarmacologia e Psicanálise*. Escuta.

Canguilhem, G. (1966/2001). *O normal e o patológico* (7a. ed., M. T. R. de Carvalho Barrocas, Trad.). Forense.

Carhart-Harris, R. et al. (2021). Trial of psilocybin versus escitalopram for depression. *New England Journal of Medicine*, *384*(15), 1402-1411.

Castro, M. L. S. (1995). Do modelo neurofisiológico à metapsicologia. In L. C. U. Junqueira Filho (Org.), *Corpo-mente: uma fronteira móvel*. Casa do Psicólogo.

Cordioli, A. V., Gallois, C. B., & Isolan, L. (2015). *Psicofármacos: consulta rápida* (5a. ed.). Artmed.

Coutinho, E. S. F., & Cunha, G. M. da. (2005). Conceitos básicos de epidemiologia e estatística para a leitura de ensaios clínicos controlados. *Brazilian Journal of Psychiatry*, *27*, 146-151.

Crocq, M-A. (2007). Historical and cultural aspects of man's relationship with addictive drugs. *Dialogues in Clinical Neuroscience*, *9*(4), 355.

Delay, J., & Pichot, P. (1967). *Manual de psicologia*. Guanabara Koogan.

Dunker, C. I. L., & Kyrillos Neto, F. (2011). A crítica psicanalítica do DSM-IV: breve história do casamento psicopatológico entre psicanálise e psiquiatria. *Revista Latinoamericana de Psicopatologia Fundamental*, *14*(4), 611-626.

Edelman, G. M. (1992). *Biologia da consciência* – As raízes do pensamento. Instituto Piaget.

Fédida, P. (1997). O químico e o psíquico: um desafio para a psicanálise. In M. T. Berlinck (Redação), *Boletim de Novidades da Livraria Pulsional*. Escuta, *X*(99), jul.

Fédida, P. (1998). A fala e o pharmakon. *Revista Latinoamericana de Psicopatologia Fundamental*, *1*, 29-45.

Fédida, P. (1999). *Depressão* (M. Gambini, Trad.). Escuta.

Fédida, P., & Berlinck, M. T. (2000). A clínica da depressão: questões atuais. *Revista Latinoamericana de Psicopatologia Fundamental*, *III*(2), 9-25, abr.-jun.

Ferenczi, S. (1933). Influência de Freud sobre a medicina. *Obras Completas, Psicanálise IV, Sándor Ferenczi* (Á. Cabral, Trad.). Martins Fontes.

Freud, S. (1888-1892/1996). Artigos sobre hipnotismo e sugestão. In *Edição Standard Brasileira das Obras Completas de Sigmund Freud* (Vol. I, J. Salomão, Trad.). Imago.

Freud, S. (1891/2020). Sobre a concepção das afasias: um estudo crítico/Freud. In *Obras Incompletas de Sigmund Freud* (E. de B. Rossi, Trad., P. H. Tavares, Apres.). Belo Autêntica.

Freud, S. (1895/1996). Rascunho H. paranóia. In *Edição Standard Brasileira das Obras Completas de Sigmund Freud* (Vol. I, J. Salomão, Trad.). Imago.

Freud, S. (1893/1996). Charcot. In *Edição Standard Brasileira das Obras Completas de Sigmund Freud* (Vol. III, J. Salomão, Trad.). Imago, 1996.

Freud, S. (1950 [1895]/1996). Projeto para uma psicologia científica. In *Edição Standard Brasileira das Obras Completas de Sigmund Freud* (Vol. I, J. Salomão, Trad.). Imago.

Freud, S. (1900/1996). A interpretação dos sonhos. In *Edição Standard Brasileira das Obras Completas de Sigmund Freud* (Vol. IV, J. Salomão). Imago.

Freud, S. (1896/1996). Observações adicionais sobre as neuropsicoses de defesa. In *Edição Standard Brasileira das Obras Completas de Sigmund Freud* (Vol. III, J. Salomão, Trad.). Imago.

Freud, S. (1897/1996). Rascunho N. notas III. In *Edição Standard Brasileira das Obras Completas de Sigmund Freud* (Vol. I, J. Salomão, Trad.). Imago.

Freud, S. (1893-1895/1996). Estudos sobre a histeria. In *Edição Standard Brasileira das Obras Completas de Sigmund Freud* (Vol. II, J. Salomão, Trad.). Imago.

Freud, S. (1905). Tratamento psíquico (ou anímico). In *Edição Standard Brasileira das Obras Completas de Sigmund Freud* (Vol. VII, J. Salomão, Trad.). Imago.

Freud, S. (1911/1996). Notas psicanalíticas sobre um relato autobiográfico de um caso de paranóia (*dementia paranoides*). In *Edição*

Standard Brasileira das Obras Completas de Sigmund Freud (Vol. XII, J. Salomão, Trad.). Imago.

Freud, S. (1912/1996). A dinâmica da transferência. In *Edição Standard Brasileira das Obras Completas de Sigmund Freud* (Vol. XII, J. Salomão, Trad.). Imago.

Freud, S. (1914/1996). Recordar, repetir e elaborar (Novas recomendações sobre a técnica da psicanálise II). In *Edição Standard Brasileira das Obras Completas de Sigmund Freud* (Vol. XIV, J. Salomão, Trad.). Imago.

Freud, S. (1914/1996). Sobre o narcisismo: uma introdução. In *Edição Standard Brasileira das Obras Completas de Sigmund Freud* (Vol. XIV, J. Salomão, Trad.). Imago.

Freud, S. (1914/2010). Introdução ao narcisismo: ensaios de metapsicologia e outros textos. *Obras completas de Sigmund Freud* (Vol. 12, P. C. de Souza, Trad. & notas). Companhia das Letras.

Freud, S. (1915/1987). *Neuroses de transferência: uma síntese (manuscrito recém-descoberto) / Sigmund Freud.* (I. G. Simitis, A. Eksterman, Orgs., Posfácio à edição brasileira & Trad. do alemão). Imago.

Freud, S. (1915/1996). O inconsciente. In *Edição Standard Brasileira das Obras Completas de Sigmund Freud* (Vol. XIV, J. Salomão, Trad.). Imago.

Freud, S. (1915/1996). Os instintos e suas vicissitudes. In *Edição Standard Brasileira das Obras Completas de Sigmund Freud* (Vol. XIV, J. Salomão, Trad.). Imago.

Freud, S. (1915/2010). As pulsões e seus destinos. *Obras completas de Sigmund Freud* (Vol. 12, P. C. de Souza, Trad. & Notas). Companhia das Letras.

Freud, S. (1917 [1915]/1996). Luto e melancolia. In *Edição Standard Brasileira das Obras Completas de Sigmund Freud* (Vol. XIV, J. Salomão, Trad.). Imago.

Freud, S. (1917 [1915]/2010). Luto e melancolia. In *Obras completas de Sigmund Freud* (Vol. 12, P. C. de Souza Trad. & Notas). Companhia das Letras.

Freud, S. (1916-1917/1996). Conferências introdutórias sobre psicanálise. Conferência XVI: psicanálise e psiquiatria. In *Edição Standard Brasileira das Obras Completas de Sigmund Freud* (Vol. XVI, J. Salomão, Trad.). Imago.

Freud, S. (1920/1996). Além do princípio do prazer. In *Edição Standard Brasileira das Obras Completas de Sigmund Freud* (Vol. XVI, J. Salomão, Trad.). Imago.

Freud, S. (1921/1996). Psicologia de grupo e análise do ego. In *Edição Standard Brasileira das Obras Completas de Sigmund Freud* (Vol. XVI, J. Salomão, Trad.). Imago.

Freud, S. (1923/1996). O ego e o id. In *Edição Standard Brasileira das Obras Completas de Sigmund Freud* (Vol. XIX, J. Salomão, Trad.). Imago.

Freud, S. (1924 [1923]/1996). Neurose e psicose. In *Edição Standard Brasileira das Obras Completas de Sigmund Freud* (Vol. XIX, J. Salomão, Trad.). Imago.

Freud, S. (1925 [1924]/1996). Um estudo autobiográfico. In *Edição Standard Brasileira das Obras Completas de Sigmund Freud* (Vol. XIX, J. Salomão, Trad.). Imago.

Freud, S. (1926 [1925]/1996). Inibições, sintomas e ansiedade. In *Edição Standard Brasileira das Obras Completas de Sigmund Freud* (Vol. XX, J. Salomão, Trad.). Imago.

Freud, S. (1926/2010). Inibição, sintoma e angústia. In *Obras completas de Sigmund Freud* (Vol. 17, P. C. de Souza Trad. & Notas). Companhia das Letras.

Freud, S. (1930 [1929]/1996). O mal-estar na civilização. In *Edição Standard Brasileira das Obras Completas de Sigmund Freud* (Vol. XXI, J. Salomão, Trad.). Imago.

Freud, S. (1933 [1932]/1996). Novas conferências introdutórias sobre psicanálise. In *Edição Standard Brasileira das Obras Completas de Sigmund Freud* (Vol. XXII, J. Salomão, Trad.). Imago.

Freud, S. (1937/1996). Construções em análise. In *Edição Standard Brasileira das Obras Completas de Sigmund Freud* (Vol. XXIII, J. Salomão, Trad.). Imago.

Freud, S. (1940 [1938]/1996). Esboço de psicanálise. In *Edição Standard Brasileira das Obras Completas de Sigmund Freud* (Vol. XXIII, J. Salomão, Trad.). Imago.

Freud, S. (1940 [1938]/2014). *Compêndio de psicanálise / Sigmund Freud.* (R. Zwick, Trad., N. M. Kon, Apres.). L&PM Editores.

Green, A. (1995). Neurobiologia e psicanálise. In L. C. U. Junqueira Filho (Org.), *Corpo-mente*: uma fronteira móvel. Casa do Psicólogo.

Green, A. (1995). Sexualidade tem algo a ver com psicanálise? *Internacional Journal of Psychoanalysis*, *76*(5).

Green, A. (2010). Do "Projeto" à "Interpretação dos sonhos": ruptura e fechamento. *Revista Brasileira de Psicanálise*, *44*(1), 111-133.

Gorestein, C., & Scavone, C. (1999). Avanços em psicofarmacologia: mecanismos de ação de psicofármacos hoje. *Brazilian Journal of Psychiatry*, 21, 64-73.

Kaplan, H., Sadock, B., & Ruiz, P. (2017). *Compêndio de psiquiatria*: ciência do comportamento e psiquiatria clínica (11a. ed., M. de A. Almeida, Trad.). Artmed.

Kendler, K. S. (2009). An historical framework for psychiatric nosology. *Psychological Medicine, 39*(12), 1935-1941.

Klein, D. F. (2012). Desenvolvimentos do pânico. *Editorial da Revista Brasileira de Psiquiatria, 34*(1).

Kuhn, R. (1957). The treatment of depressive States with G22355 (Imipramine Hydrochloride). *Med Wochenschr, 87*(1135), Aug. 1.

Kuhn, R. (2005). Psicofarmacologia e análise existencial. *Revista Latinoamericana de Psicopatologia Fundamental, 8*, 221-243.

Laplanche, J., & Pontalis, J-B. (1982/2001). *Vocabulário de psicanálise*. (P. Tamen., Trad.). Martins Fontes.

López-Muñoz, F. et al. (2005). History of the discovery and clinical introduction of chlorpromazine. *Annals of Clinical Psychiatry, 17*(3), 113-135.

Manual diagnóstico e estatístico de transtornos mentais [recurso eletrônico]: DSM-5 / *American Psychiatric Association*. (5a. ed. M. I. C. Nascimento Trad.... *et al.*, A. V. Cordioli, Rev. Téc. ... *et al.)* [Dados eletrônicos]. Artmed.

Mattos, J. A. (1995). Da soma para o psíquico em busca do objeto psicanalítico. In L. C. U. Junqueira Filho (Org.), *Corpo-mente*: uma fronteira móvel. Casa do Psicólogo.

Mezan, R. (1995). Psicanálise e neurociências: uma questão mal colocada. In L. C. U. Junqueira Filho (Org.), *Corpo-mente*: uma fronteira móvel. Casa do Psicólogo.

Mezan, R. (2002). *Interfaces da psicanálise*. Companhia das Letras.

Mezan, R. (2014). *O tronco e os ramos*. Companhia das Letras.

Moreira, A. C. G. (2001). A melancolia na obra de Freud: um Narciso sem [des] culpa. *Revista Latinoamericana de Psicopatologia Fundamental, 4*, 92-102.

Nosek, L. (1995). A apreensão teórica da realidade psíquica: a metapsicologia freudiana. In L. C. U. Junqueira Filho (Org.), *Corpo-mente*: uma fronteira móvel. Casa do Psicólogo.

Pastore, J. A. D. (2008). Apresentação. *Da neurologia à psicanálise*: desenhos neurológicos e diagramas da mente por Sigmund Freud/Lynn Gamwell, Mark Solms (J. A. D. Pastore e M. Dancini, Trad.). Iluminuras.

Pereira, M. E. C. (1997). Psicanálise e psicofarmacologia: novas questões de um debate atual. *Boletim de Novidades da Livraria Pulsional* (M. T. Berlinck, Rev.). Escuta, *X*(99), jul.

Pereira, M. E. C. (1999). *Pânico e desamparo*: um estudo psicanalítico. Escuta.

Pereira, M. E. C. (2014). A crise da psiquiatria centrada no diagnóstico e o futuro da clínica psiquiátrica: psicopatologia, antropologia médica e o sujeito da psicanálise. *Physis: Revista de Saúde Coletiva*, *24*, 1035-1052.

Pereira, M. E. C. (2017). Freud, o sujeito da psicopatologia e o futuro da psiquiatria. In D. Kupermann (Org.), *Por que Freud hoje?*. Zagodoni.

Peron, P. R. (2004). Da sugestão à análise da transferência: a noção de cura psicanalítica no início da obra freudiana. *Mental*, *2*(2), 35-53.

Ribeiro, S. (2019). *O oráculo da noite*: a história e a ciência do sonho. Companhia das Letras.

Roudinesco, E. (2000). *Por que a psicanálise?* (V. Ribeiro, Trad.). Zahar.

Searle, J. R. (1997/1998). *O mistério da consciência*. (A. Y. P. Uema e V. Safatle, Trads.). Paz e Terra.

Solms, M. (2008). Os desenhos de Sigmund Freud. *Da neurologia à psicanálise*: desenhos neurológicos e diagramas da mente por

Sigmund Freud/Lynn Gamwell, Mark Solms (J. A. D. Pastore e M. Dancini, Trads.). Iluminuras.

Stahl, S. (2014). *Psicofarmacologia*: bases neurocientíficas e aplicações práticas (4a. ed., P. L. Voeux, Trad., & I. R. de Oliveira, Rev. Téc.). Guanabara Koogan.

Szajnbok, M. (2013). A psicanálise e o futuro da psiquiatria. *Jornal de Psicanálise*, *46* (85), 89-98.

Telles, S. (2012). *Fragmentos clínicos de psicanálise* (3a. ed.). Casa do Psicólogo.

Widlöcher, D. (1997). O cérebro e a vida mental. *Boletim de Novidades da Livraria Pulsional*. (M. T. Berlinck, Redação). Escuta, *X*(99), jul.

Zarifian, É. (1997). Os limites de uma conquista. *Boletim de Novidades da Livraria Pulsional*. (M. T. Berlinck, Redação). Escuta, *X*(99), jul.

GRÁFICA PAYM
Tel. [11] 4392-3344
paym@graficapaym.com.br